Brenner

**Autogenes Training Oberstufe –
Wege in die Meditation**

Der Autor

Dipl.-Psych. Helmut Brenner befaßt sich als klinischer Psychologe
und Psychotherapeut seit vielen
Jahren mit der Praxis der meditativen Oberstufe des autogenen Trainings. Nach intensiver Auseinan-
dersetzung mit östlicher und west-
licher Meditation gelingt ihm die
hier erstmals veröffentlichte einheitliche und vollständige Präsen-
tation der autogenen Meditation.

Die Methode ist auch unter Klinik-
bedingungen erfolgreich erprobt.
Vom gleichen Autor stammen weitere Selbsthilfebücher zu den Themen Entspannungsverfahren und
Gesundheitsförderung.

Dipl.-Psych. Helmut Brenner

Autogenes Training Oberstufe – Wege in die Meditation

Wie Sie AT und östliche Meditation ideal kombinieren und davon noch mehr profitieren

Leserservice:

Wenn Sie Fragen oder Anregungen
zu diesem Buch haben, schreiben
Sie uns:
TRIAS Verlag
Postfach 301107
70451 Stuttgart

Lektorat:
Stefan Vieregg M.A.

Außenlektorat:
Dr. Dietmar Hoos, Maria Brand

Umschlaggestaltung:
Cyclus · D+P Loenicker, Stuttgart

Bildnachweis:
Umschlag vorne und hinten: P. Thul
Fotos im Innenteil: S. 36: WDV (HilD),
S. 50 u. 64: MEV

Die Deutsche Bibliothek –
CIP-Einheitsaufnahme

Brenner, Helmut:
Autogenes Training Oberstufe :
Wege in die Meditation ; wie Sie AT und
östliche Meditation ideal kombinieren
und davon noch mehr profitieren /
Helmut Brenner. – Stuttgart : TRIAS, 1999

© 1999 Georg Thieme Verlag
Rüdigerstraße 14,
D-70469 Stuttgart
Printed in Germany

Satz: Satz & mehr,
D-74354 Besigheim
Druck: Gutmann, Talheim

ISBN 3-89373-498-8   1 2 3 4 5 6

Gedruckt auf chlorfrei gebleichtem Papier

● Einleitung 8

● Autogenes Training 11

Die Grundlagen des autogenen Trainings 12

● Die Grundstufe – körperorientierte Entspannung 12

● Die Fortgeschrittenenstufe – Leitsatzsuggestionen 19

● Die Oberstufe – tiefenpsychologisch orientierte Therapie 29

● Meditation 37

Verschiedene Formen der Meditation 38

● Mandala- und Mantra-Meditation 38

● Za Zen und kontemplative Meditation 43

● Yoga und Chakren-Meditation 45

● Oberstufe und Meditation 51

Die meditativen Dimensionen der Oberstufe 52

● Tiefenpsychologisch orientierte Oberstufe und
transpersonal orientierte Oberstufe 52

● Möglichkeiten der transpersonalen Oberstufe 59

● Autogene Meditation 65

Voraussetzungen für die autogene Meditation 66

● Grundlagen der autogenen Meditation 66

● Eignungsfrage 68

● Übungsgestaltung 73

● Weltanschauliche Basis 77

Autogene Farbmeditation 79

● Einstieg in die Farbmeditation 80

● Erleben einer frei auftauchenden Farbe 84

• Meditation zur Eigenfarbe   86

• Farbbedeutungen   89

• Meditation zu einer bestimmten Farbe   91

Autogene Formmeditation   97

• Die Bedeutungen der Grundformen   97

• Erleben einer unbestimmten Form   99

• Erkundung der Eigenform   101

• Meditation zu einem ausgewählten Gegenstand   103

• Meditation zu einem Naturbild   103

Autogene Klangmeditation   111

• Harmonie der Klänge   111

• Innere Klänge wahrnehmen und hörbar machen   115

• Meditation zu bestimmten Klangformen   118

• Meditation zu den Klängen des Körpers   121

• Meditation zu ausgewählter Musik   123

Autogene Begriffsmeditation   128

• Meditation zu einem frei auftauchenden Begriff   129

• Meditation zu einem Symbolbegriff und zu einem Symbolbild   132

• Umgang mit Symbolinhalten   134

• Meditation zu einem ausgewählten Begriff   136

Autogene Personenmeditation   139

• Meditation zu einer spontan auftauchenden Person   139

• Einstellung auf eine bestimmte Person   142

• Einstellung auf mein Gegenüber   145

• Meditation zum eigenen Selbst   146

Autogene Seinsmeditation   148

• Sichtweisen des Seins   148

- Fragen an das Sein   153
- Antworten in Leitsätzen und Leitideen   155
- Meditation zum persönlichen Leitmotiv   157
- Blick zurück nach vorn   159

● Anhang   161

- Die autogene Meditation im Überblick –
  Definition, Ziele und Schrittfolge der meditativen
  Oberstufe des autogenen Trainings   161

- Literaturhinweise   164

- Sachverzeichnis   165

Einleitung

● Hier ist es: das erste Buch, das die Oberstufe des autogenen Trainings ausführlich erklärt, die Oberstufe zur autogenen Meditation erweitert und umfassende Übungstexte anbietet.

● Sie haben es schon immer gewußt: Im autogenen Training stecken mehr Möglichkeiten als bloße körperliche Entspannung! Mit dieser Einschätzung haben Sie recht. Sie wollen die Möglichkeiten, die autogenes Training beinhaltet, voll nutzen. Die einzelnen Stufen des hier beschriebenen Trainings umfassen das gesamte Spektrum von Entspannung, Innenschau, Bewußtseinserweiterung und Einsicht in höheres Sein. Bisher haben Sie vergeblich nach geeigneten weiterführenden Anleitungen gesucht. Hier sind sie.

● Sie kennen bereits die Grundübungen des autogenen Trainings? Dann sind Sie den Unerfahrenen gegenüber im Vorteil, denn Sie haben schon eine geeignete Basis für die Fortgeschrittenen- und Oberstufenübungen. Vielleicht beherrschen Sie sogar einige der Grundübungen? Damit lägen beste Voraussetzungen für den Einstieg in die Oberstufe vor. Die Grundübungen sind nämlich gut geeignet, die weiterführenden Übungen der Fortgeschrittenenstufe und der Oberstufe einzuleiten.

Es gilt jedoch nicht als Vorbedingung, die Grundstufe des autogenen Trainings zu beherrschen. Sie können die meditativen Oberstufenübungen auch anders einleiten, z. B. mit dem progressiven Entspannungstraining (vgl. Brenner, 1997) oder mit anderen Ihnen bereits bekannten Entspannungsübungen. Die folgenden Kapitel zur Grund- und Fortgeschrittenenstufe ermöglichen Ihnen zudem den Einstieg in die autogene Entspannungsmethode.

Die weiteren Abschnitte vermitteln Ihnen alles Wissenswerte, um nachhaltige Erfahrungen auf gehobener Stufe machen zu können. Die Erläuterungen sind für alle gut nachvollziehbar, die die Grundstufe des autogenen Trainings kennen oder eine andere Entspannungsmethode beherrschen.

● Immer mehr Menschen drängt es danach, ihre bisherigen Erfahrungen zu erweitern und tiefer gehende Seinserfahrungen zu machen. Immer häufiger wird die Frage laut, ob sich die bisherigen Erfahrungen nicht ausbauen ließen.

Vielleicht hatten Sie bereits einen ähnlichen Gedankengang und sind nur noch unsicher, ob eine schriftliche Anleitung weiterhelfen kann. Mit dem vorliegenden Text können Sie sich getrost auf den Weg machen. Sie erhalten Anleitungen zu autogenen Entspannungsübungen, zu autogenen Vorsatzformulierungen, zur tiefenpsychologischen Analyse und zur autogenen Meditation. In der tiefenpsychologischen Therapie wird die Oberstufe als psychotherapeutisches System erläutert. Hauptsächlich geht es in der autogenen Meditation jedoch um Innenschau und Seinserfahrung.

● Die Texte richten sich weder an Sektenanhänger noch an andere Sektierer. Alle Erläuterungen und Übungen haben ihre Basis im konkreten Alltag. Nach den einzelnen Ausflügen in metaphysische Bereiche findet jeweils eine Rückführung in die Alltagswirklichkeit statt. In der Nachbetrachtung und Nachwirkung lassen sich einige der meditativen Erlebnisse in den Alltag integrieren (vgl. Tabelle 2, S. 55 f.: Zielrichtungen der autogenen Meditation).

Die praktischen Anleitungen wenden sich an Autodidakten. Ein begleitender Kurs oder die meditationsbegleitende Konsultation von Fachleuten sind zur Kontrolle der Übungsfortschritte sehr zu empfehlen. Wenn Sie sich durch den Text zu einem Kursus mit Gleichgesinnten anregen lassen, ist das sehr begrüßenswert, aber bei prophylaktischem Einsatz der Oberstufenübungen keine unbedingte Voraussetzung. Auf Ihrem Erkenntnis- und Einsichtsweg in der autogenen Meditation kann Sie eine Kursteilnahme unterstützen. Gemeinsames Erarbeiten und Erleben von meditativen Erfahrungen sowie anschließender Gedankenaustausch sind in jedem Fall bereichernd.

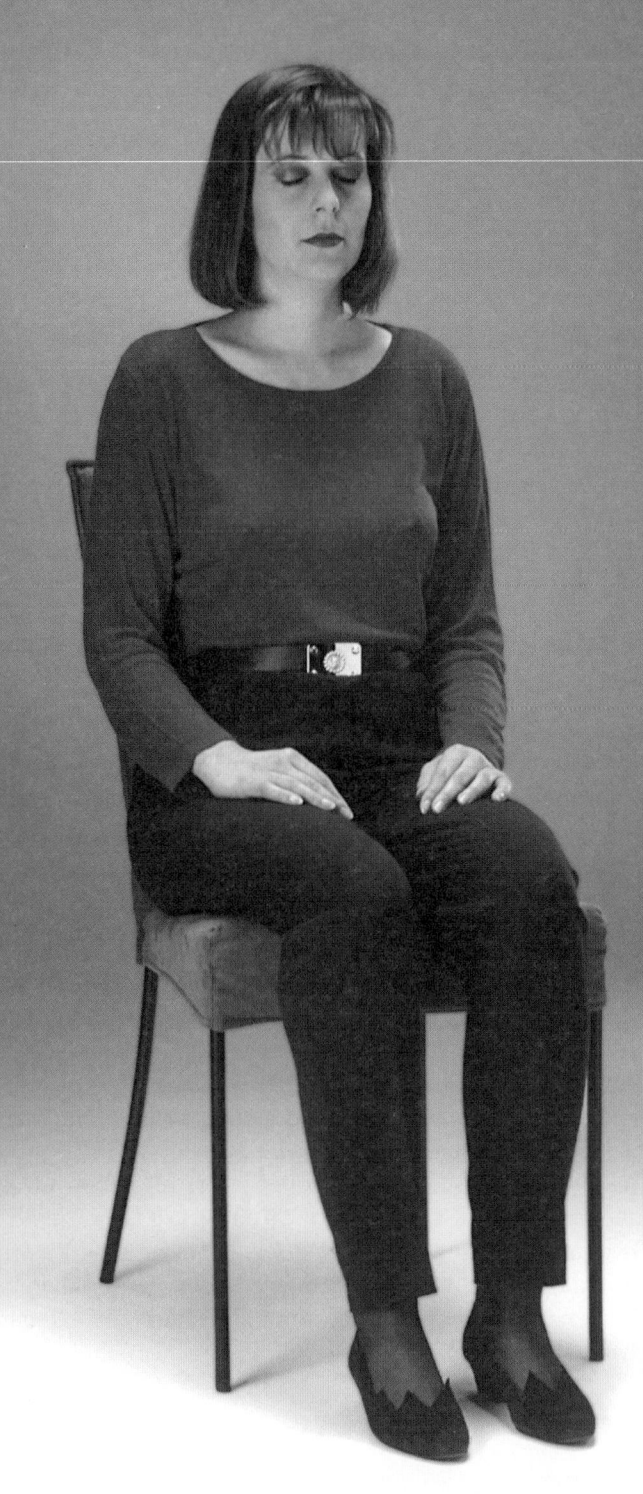

Autogenes Training

Das autogene Training besteht aus drei Stufen: einer körperorientierten Grundstufe, einer geistig-seelisch orientierten Fortgeschrittenenstufe und einer tiefenpsychologisch bzw. transpersonal orientierten Oberstufe.

Die tiefenpsychologisch ausgerichtete autogene Oberstufe benutzt meditative Techniken in einem naturwissenschaftlich-kausalen Denksystem. Die transpersonal ausgerichtete Oberstufe überschreitet die physische Begrenztheit und zeigt Wege zu spiritueller Tiefenerfahrung.

Die Grundlagen des autogenen Trainings

Der Berliner Nervenarzt Johannes Heinrich Schultz (1884–1970) hat in den zwanziger Jahren des zwanzigsten Jahrhunderts das autogene Training entwickelt und sich dann vor allem mit der Grundstufe dieses Trainings befaßt. Aus dem passiven Patienten, der sich hypnotisieren läßt, sollte ein aktiver Klient werden, der sich selbst autosuggestiv gesundheitsfördernd beeinflussen kann. Die wörtliche Übersetzung des Begriffes »autogenes Training« lautet »selbstentstehendes Üben« und weist hin auf die Leitidee, nämlich die inneren Kräfte der Person zu nutzen. Alle Übungen sollen aus dem Selbst heraus, das heißt unter Beteiligung innerer Kräfte, erfolgen.

Schultz läßt mit der Bezeichnung »autogenes Training« zunächst offen, was geübt werden soll. Wahrscheinlich geschah das mit Bedacht. Die drei Stufen des autogenen Trainings befassen sich nämlich mit unterschiedlichen Themen. Die Grundstufe lehrt körperbezogene Selbstentspannung. In der Mittelstufe entwickeln die Übenden formelhafte geistig-seelische Vorsätze und suggerieren sich diese. In der Oberstufe suchen sie auf der Basis der vorangegangenen Stufen mit meditativen Mitteln Erkenntnisse über ihr Leben und Einsichten in das Wesen des Seins. Vordergründiges Ziel ist eine souveränere Lebensgestaltung. Bei konsequenter Nutzung der meditativen Mittel macht der Übende auch transzendente Erfahrungen. Die Übergänge sind fließend. Die einzelnen Stufen des autogenen Trainings bieten sich als Wegweiser und Wegmarken an, der Weg beginnt mit der autogenen Grundstufe.

Die Grundstufe – körperorientierte Entspannung

Die Grundstufe des autogenen Trainings beinhaltet ein komplettes System zur körperlichen Entspannung. Körperliche Entspannung bietet die besten Voraussetzungen, um anschließend in der Mittelstufe die Suggestion von Vorsätzen und später in der Oberstufe die Meditation gelingen zu lassen.

● Für die Grundstufe sind entspannende Körperübungen charakteristisch, die im psychosomatischen Wirkzusammenhang stehen. Das Besondere bei diesen entspannenden Körperübungen besteht nicht in raffiniert gestalteten gymnastischen Übungen, sondern beruht auf geistig-seelischen Vorsatzformulierungen, mit denen Entspannung im Organismus autosuggestiv verankert wird. Autosuggestion ist ein wichtiger Begriff im autogenen Training. »Auto« heißt selbst oder eigen. Suggestion bedeutet Beeinflussung. Beides zusammen meint Selbstbeeinflussung im Sinne von Eigensteuerung. Autogenes Training bedeutet also selbsterzeugtes bzw. selbstgeschaffenes Üben.

● In der Grundstufe geht es um das Üben von Entspannung. Die Trainierenden erfahren, wie sie im Organismus Entspannung fördern können. Die Entspannung kann gelingen, weil im Menschen alle Lebensfunktionen regelkreisartig miteinander verbunden sind. Autogenes Training fördert das reibungslose Zusammenwirken von Sinnen, Nerven und Organen. Die autogenen Suggestionen bringen die Sinne, Nerven und Organe in harmonischen Einklang. Der Einklang und die Harmonie sind dank biologischer Regelkreise der bei normaler Belastung vorherrschende Zustand. Disharmonie beruht auf problematischen Spannungen, die leicht zu Schädigungen im Organismus führen können. Nervosität und Problemdruck breiten sich schnell zu Bluthochdruck oder zu Magenerkrankungen aus.

● Autogenes Training kann helfen, eine gelassene Grundhaltung zu erlangen und zu stärken, die es ermöglicht, mit den Alltagsbelastungen und eigenen Schwächen leichter fertig zu werden.

Beeinflussung von Nerven, Muskeln und Kreislauf

Im autogenen Training lernen Sie, das vegetative Nervensystem, die Muskeln und das Kreislaufsystem willentlich positiv, d. h. gesundheitsfördernd, zu beeinflussen. Jeder kennt die geistig und körperlich schädigenden Auswirkungen von negativen Einreden: Versagensbefürchtungen führen leicht zu Unsicherheit, Gereiztheit oder Herzbeschwerden. Mit den positiven suggestiven Möglichkeiten, über die jeder verfügt, können Sie über das vegetative Nervensystem das Muskel- und Kreislaufsystem positiv beeinflussen und das Wohlbefinden verbessern. Vegetatives Nervensystem heißt zu deutsch »Lebens-Nervensystem«. Diese Bezeichnung ist bedeutungsvoll, da das Lebensnervensystem tatsächlich die Lebensfunktionen wie Herzschlag oder Atmung weitgehend steuert. Mit seinen suggestiven Fähigkeiten kann jeder sein Lebensnervensystem unterstützen.

● Empfindungen, die bei den Übungen auftreten, lassen sich in der Grundstufe mit Vorgängen im Organismus erklären. Die Übungen des autogenen Trainings bewirken nachweisbare Zustandsveränderungen im Körper. Denken Sie an die Wärmeübung im autogenen Training: die Wärmeempfindung kommt dadurch zustande, daß sich Blutgefäße in den angesprochenen Körperbereichen erweitern. Um diese Gefäßerweiterung zu erreichen, nutzen Sie Ihre Suggestivkräfte, indem Sie sich mit Ihren Selbstbeeinflussungskräften in bestimmte Körperbereiche hineindenken, hineinspüren und Veränderungsimpulse mittels des vegetativen Nervensystems zu den vorgestellten Organen leiten. Dabei benutzen Sie autosuggestive Leitformeln wie »Arme und Beine sind angenehm warm«.

● Wie dies im einzelnen vonstatten geht, erfahren Sie in Kursen zum autogenen Training, die Diplom-Psychologen und Ärzte in Praxen oder Bildungseinrichtungen durchführen. Die Kursleiter sollten als Grundvoraussetzung ein Psychologie- oder Medizinstudium absolviert haben, um sich mit psychischen Phänomenen und psychosomatischen Erkrankungen auszukennen. Diese Fachleute können aufgrund ihrer Ausbildung und speziellen Weiterbildung bei eventuell auftretenden Schwierigkeiten während des Trainings die Hindernisse ausräumen und den Entspannungsprozeß ungehindert vonstatten gehen lassen.

Die anerkannten Kursleiter der *Ärztlichen Gesellschaft (Postfach 5028, 32457 Porta-Westfalica)* und der *Psychologischen Fachgruppe für Autogenes Training und Progressive Relaxation im BDP (Römerstraße 21, 80801 München)* haben ihre Qualifikation bei ihren Dachorganisationen nachgewiesen. Sie sind im Umgang mit körperlichen und seelischen Prozessen und in der Handhabung von psychosomatischen Wechselwirkungen besonders ausgebildet.

Ganzheitliche Entspannung

Das autogene Training ist ein ganzheitliches Verfahren, das die harmonische Einheit von Körper und Seele fördert. Diese Einheit ist wichtig, da Leiden und Beschwerden oft durch Aufspaltung der Ganzheit und durch einseitige Betonung von Teilbereichen entstehen.

Fallbeispiel

Körper, Geist und Seele im Ungleichgewicht

Björn hatte durch einen Unfall früh seinen Vater verloren. In seiner Jugend lebte er ziemlich zurückgezogen, er war wenig mit Freunden zusammen. Er wurde Bankkaufmann und engagierte sich stark in seinem Beruf. Heute ist er verheiratet und nutzt jede freie Minute für seinen Sport. Seine Frau beklagt sich über seine einseitige Interessenlage. Sie wirft ihm vor, sich im Beruf zu überfordern und dann wild nach Ausgleich zu suchen. Er sei nur noch eine berufliche Denkmaschine und eine sportliche Kraftwalze. Das könne auf Dauer gesehen nicht gutgehen. Björn zeige überhaupt keine Gefühle mehr, auch der partnerschaftliche Umgang miteinander sei arg unterkühlt.

Björn versteht nicht, was seine Frau ihm sagen will. Er behauptet: »Uns geht es doch gut. Ich habe nur ein paar Magenprobleme, und der Blutdruck könnte besser sein. – Mir wurde beim Gesundheits-Check-up autogenes Training empfohlen. Wenn es dich beruhigt, kann ich es ja mal ausprobieren.«

Mit dem autogenen Training lernen Sie, den Kreisprozeß der sich verschlimmernden Symptome zu unterbrechen, der mit Verspannungen und Verkrampfungen beginnt und oft weiterführt zu Schlafstörungen, Leistungsminderung, Konzentrationsschwäche, Angst, Durchblutungsstörungen, Organbeschwerden oder Krankheiten. Diese und andere Störungen können Sie durch willentliche Selbstbeeinflussung angehen und lindern bzw. beseitigen.

Übungen der Grundstufe

Die Entspannungsübungen lassen sich in einem sechs- bis zehnstündigen Kurs, am besten in einem Gruppenkurs, verantwortungsbewußt erlernen. Die Wahrnehmungen und Erlebnisse, die bei den Übungen auftreten, sollen besprochen und Schlüsse daraus gezogen werden. Das ist zur ganzheitlichen Absicherung des autogenen Trainings wichtig und nur in kleinen Gruppen mit etwa sechs bis höchstens zwölf Personen oder im Einzelunterricht gewährleistet. Die im Unterricht besprochenen Übungen sollen dann selbständig eingeübt werden. Dazu wählen Sie zunächst einen ruhigen Ort in gewohnter Umgebung und nehmen eine bequeme Sitz- oder Liegehaltung ein. Die Sitzhaltung ist wegen der späteren leichteren Übertragbarkeit in Alltagssituationen eher zu empfehlen als die zu passive Liegehaltung.

Übung

Grundstufenübung

Einleitung
Ich suche einen ruhigen Raum auf …
Ich nehme eine entspannte Sitzhaltung ein …
Ich stelle mich auf Grundübungen des autogenen Trainings ein …

Grundübungen
Der rechte Arm ist ganz schwer …
Ich bin ganz ruhig …
Der rechte Arm ist angenehm warm …
Ich bin ganz ruhig …
Die Atmung ist ganz ruhig – es atmet in mir …
Ich bin ganz ruhig …
Das Herz schlägt ruhig und gleichmäßig …
Ich bin ganz ruhig …
Das Sonnengeflecht ist ruhig und strömend warm …
Ich bin ganz ruhig …
Die Stirn ist angenehm kühl …
Ich bin ganz ruhig …

Abschluß

Wenn ich die Übungen beenden möchte, lenke ich meine Gedanken auf das Hier und Jetzt und aktiviere mich mit der Formel:
Arme fest, Augen auf, tief durchatmen!

Nachbetrachtung Wie ist es Ihnen bei der Durchführung der Grundübungen ergangen? Konnten Sie die Vorsätze realisieren? Sind die gewünschten Empfindungen eingetreten, oder hatten Sie Schwierigkeiten damit?

Wenn es für Sie noch schwierig ist, die angestrebten Wahrnehmungen hervorzurufen, ist es ratsam, vor Beschäftigung mit der Oberstufe zunächst die Grundübungen des autogenen Trainings oder eine andere Entspannungsmethode konsequent einzuüben. Die sichere Beherrschung der Grundstufe des autogenen Trainings oder des progressiven Entspannungstrainings (s. Brenner, 1997) erleichtert das Voranschreiten in der Fortgeschrittenenstufe und in der Oberstufe enorm.

Die Vorsätze in der Fortgeschrittenenstufe und in der Oberstufe sind persönlicher formuliert als die Vorsätze in der Grundstufe. Wenn Sie möchten, können Sie ab jetzt auch die Grundformeln entsprechend der folgenden Anleitungen individueller gestalten bzw. erweitern. Nach der Einstimmung auf die Übungen können die persönlich formulierten Vorsätze z. B. folgendermaßen lauten:

Individuelle Formulierungen

Meine Arme (und Beine) sind ganz schwer ...
Ich bin ganz ruhig ...
Meine Arme (und Beine) sind angenehm warm ...
Ruhig ...
Meine Atmung ist ganz ruhig, es atmet mich ...
Mein Herz schlägt ruhig und gleichmäßig ...
Ich bin ganz ruhig ...

Mein Sonnengeflecht ist ruhig und strömend warm ...
Mein Schulter-Nacken-Feld ist ganz ruhig, schwer und warm ...
Meine Stirn ist angenehm kühl ...
Ruhe ...

Abschluß
Wenn ich die Übungen beenden möchte, schalte ich innerlich um
und aktiviere mich mit meiner Formel:
Arme fest, Augen auf, tief durchatmen!

Einsatz von Grundübungen

Die Grundübungen haben ein langfristig überdauerndes und ein kurzfristiges Ziel. Langfristig fördern sie umfassende Entspannung, die von einer dauerhaft besseren Regulation der Körpersysteme begleitet wird. Dies entspricht einer umfassenden Harmonisierung der körperlichen Funktionen und einer Absenkung des Erregungsniveaus. Kurzfristig läßt sich die eingeübte Entspannungsreaktion in jeder belastenden Situation zusätzlich einsetzen, um augenblicklich das Erregungsniveau noch weiter absenken zu können. So wird es möglich, sich gelöster und souveräner mit den Alltagsanforderungen auseinanderzusetzen.

● Auch bei ursprünglich körperlichen Leiden ist das autogene Training hilfreich. Der Grad der Beeinflußbarkeit ist jedoch von der Ursache bzw. der Herkunft der Beschwerden abhängig. In jedem Falle sind die Grundübungen hilfreich, um z. B. bei Wirbelsäulenbeschwerden den belastenden Kreisprozeß Schmerz – Verspannung – Schmerz zu unterbrechen und Beschwerden zu lindern. Eine Magenschleimhautentzündung wird bei autogen Trainierten – sofern sie überhaupt auftritt – wesentlich schneller abklingen als bei Untrainierten. In einer gelasseneren Grundhaltung können Sie Probleme leichter handhaben und so psychosomatische Erkrankungen überflüssig machen. Mit Entspannung lassen sich die Schleimhäute vorbeugend positiv beeinflussen, die Wahrscheinlichkeit von Magen-Darm-Erkrankungen verringert sich erheblich.

Die körperbezogenen Erlebnisse und Wahrnehmungen bei den Grundübungen zeigen auch Stärken und Schwächen einer Person auf. Wenn Sie trotz positiver Wahrnehmungen während der Übungen an Ihren Trainingsfortschritten zweifeln, könnte dies auf persönliche Unsicherheitsgefühle hinweisen. Eine ausgeprägte Willenskraft hingegen kann sich in konsequentem Trainieren zeigen. Eine Fixierung auf den Herzschlag kann auf Angstgefühlen beruhen. Diese und weitere Themen lassen sich im Anschluß an die Grundstufe in der Fortgeschrittenenstufe und in der Oberstufe des autogenen Trainings aufgreifen.

● Die Fortgeschrittenenstufe führt von der Organebene der Grundstufe auf die geistige Stufe der formelhaften Vorsatzbildung. Vorsätze für den Alltag werden autogen erarbeitet und maßgeschneidert eingesetzt. Bei der Oberstufe geht es um autogene Meditation. Die Meditierenden vertiefen die seelische Innenschau und gehen Sinnfragen des Lebens nach. Dazu stellen sie die Grundstufe nicht auf eine höhere Ebene, sondern nutzen die Grundübungen, um leichter auf die meditative Stufe zu gelangen. Die Grundstufe ist ein komplettes, körperbezogen heilsames System, das sich zudem für weitergehende Ziele nutzen läßt.

Die Fortgeschrittenenstufe – Leitsatzsuggestionen

Die Fortgeschrittenenstufe des autogenen Trainings wird auch als Mittelstufe bezeichnet. Sie befaßt sich vorrangig mit den seelischen und sozialen Faktoren, die zu Verspannungen führen. Die Fortgeschrittenenstufe arbeitet mit selbstformulierten formelhaften Vorsätzen, wie »Ich bin sicher« oder »Ich schaffe es«. Die Vorsätze sollen je nach aktueller Thematik das Verhalten oder die Einstellungen beeinflussen. Die Lernwilligen sollen die Leitsätze in professionell geleiteten Kursen erarbeiten, um die Realitätsnähe bzw. die Realisierbarkeit der Vorsätze kontrollieren und die Formulierungen korrigieren zu können. Die Suggestion »Ich schaffe es« ist nämlich nur sinnvoll, wenn die objektiven Voraussetzungen dafür vorhanden sind bzw. geschaffen werden können. Da der Geist die Einschätzung der Realität mit irrationalem Denken, z. B. »Ich muß es schaffen« oder »Ich kann nicht anders« beeinträchtigen kann, ist es ratsam, die Autosuggestionen im Zusammenwirken mit psychologischen Fachleuten oder möglichst objektiven Mitmenschen zu erarbeiten. Erarbeiten heißt auch Experimentieren, Erfahrungen sammeln, Zwischenschritte gehen und Zwischenziele formulieren. Da die suggestiv orientierte Fortgeschrittenenstufe weitgehend kopfgesteuert ist, müssen Sie immer wieder Ihr Denken mit Ihrem Fühlen, Wollen und den objektiven Möglichkeiten in Einklang bringen. Das ist autodidaktisch recht schwierig. Das Ziel ist nicht wie in der Grundstufe, Entspannung im Organismus zu fördern, sondern mit geistig-seelischen Kräften in die verschiedensten geistig-seelischen und psychosomatischen (Dys-)Regulationen einzugreifen. Die Gefahr der Irrens und Verirrens sollte stets vor Augen bleiben.

● Suggestionen sind mit starken zielfördernden Kräften verbunden. Sie können positive und negative Ziele verfolgen und sind daher sehr verantwortungsvoll einzusetzen. Die Suggestion »Ich will durchhalten« ist sinnvoll, wenn die zu erwartende Kraftanforderung mit den vorhandenen Kräften im Einklang steht und das Ziel lohnend erscheint. Die Ressourcen sollen in ausreichendem Maß vorhanden sein, die Gesundheit darf nicht gefährdet werden. Die Suggestion »Ich will durchhalten, koste es, was es wolle« mißachtet die Ressourcenregel und ist abzulehnen. Kurze, rhythmisierte Formeln sind günstig. Manchen hilft die Reimform. Die Formulierungen sollen zur Person und ihren Sprachgewohnheiten passen. Auf jeden Fall sollen sie positives Erleben hervorrufen und keine Verneinungen enthalten. Verneinungen werden in Suggestionen meist nicht wirksam. Bei der Autosuggestion »Ich will nicht mehr rauchen« tritt der Inhalt »Rauchen« in den Vordergrund, das »nicht« tritt in den Hintergrund. Manchen helfen Verbildlichungen oder humorvolle Formulierungen, wie »Nur der Schornstein raucht« oder »Teer gehört auf die Straße«. Schließlich ist darauf zu achten, daß der Vorsatz kurz und prägnant in der Gegenwartsform und als Aussage formuliert wird: »Ich bin frei« (von Rauch) oder: »Ich bin frei in meinen Entscheidungen«. Diese Regeln, die nachfolgend in Frageform gefaßt sind, gelten für die Fortgeschrittenenstufe und sinngemäß für die anderen Stufen des autogenen Trainings.

Grundregeln für formelhafte Vorsätze

1. *Objektivitätsregel:* Ist das Ziel grundsätzlich realisierbar? Welche Möglichkeiten zur Zielerreichung stehen zur Verfügung?

2. *Ressourcenregel:* Sind die Möglichkeiten bzw. Kräfte in ausreichendem Maße vorhanden?

3. *Individualitätsregel:* Sind die Formulierungen individuell passend? Ist der Sprechrhythmus, evtl. der Reim, personengemäß?

4. *Positivregel:* Wurde das problematische Thema positiv und ohne Verneinung formuliert?

5. *Gegenwartsregel:* Ist der Vorsatz in der Aussageform, z. B. »Ich bin ...!« oder »Mein(e) ...«, formuliert?

Sie können mit diesen Regeln überprüfen, ob fertig vorliegende oder von Ihnen neu formulierte Vorsätze den Anforderungen, die im autogenen Training an Vorsatzformulierungen gestellt werden, genügen. Wie steht es etwa mit dem Satz, der dem Schultz-Vorgänger E. Coué zugeschrieben wird: »Es geht mir von Tag zu Tag besser und besser«? Die Regeln 1, 4 und 5 wurden beachtet. Bezüglich der Regeln 2 und 3 ist zu überprüfen, ob sie individuell zutreffend sind. Da letzteres nicht in allen Fällen so sein wird, kann der Satz nicht als allgemeingültige Formel für jeden empfohlen werden. Der Schultz-Schüler K. Thomas (1989) bietet eine Vielzahl von Formulierungen, die allerdings wenig individuell sind und nicht autogen entwickelt werden. H. Krönung (1989) hat eine gelungene autogene Variante der Vorsatzbildung für die Fortgeschrittenenstufe vorgestellt.

● In der wirklich autogenen Fortgeschrittenenstufe lernen Sie, Suggestionen auf ihre Stimmigkeit hin zu überprüfen. Sie spüren nach, ob die Vorsätze Ihrem Denken, Wollen, Fühlen und Ihren Möglichkeiten entsprechen. Sie gehen somit viel sanfter mit sich selbst und den Phänomenen um, als Personen das tun, die ungeprüft Klanghülsen übernehmen. Das eigene Denken und Fühlen ist in der Fortgeschrittenenstufe des autogenen

Trainings besonders gefordert. Es reicht nicht, wohlklingende Formeln zu erfinden. Die Vorsätze sollen der inneren und äußeren Realität entsprechen und deren Einklang fördern. Die oft komplexe Vorgeschichte ist jeweils zu berücksichtigen.

Fallbeispiel

Festklammern oder loslassen?

Marianne hatte sehr früh geheiratet. Ihr Partner war ihre erste große Liebe. Marianne hatte auch früh ihre beiden Kinder bekommen und sich ganz deren Erziehung gewidmet. Sie erzählt: »Meine Kinder sollen einmal eine schönere Erinnerung an ihre Kindheit haben, als ich sie hatte. Ich war doch oft allein, hatte wenig von meinen Eltern. Ich war immer für meine Kinder da. Jetzt werden sie größer und brauchen mich nicht mehr so sehr. Und jetzt stehe ich ganz schön dumm da. Ich habe nur noch meinen Mann. Der zieht sich aber in letzter Zeit mehr und mehr zurück. Er sagt, ich solle mich nicht so sehr um ihn, als um meine eigenen Angelegenheiten kümmern. Dieses Zurückgestoßenwerden tut so weh. Ob er mich nicht mehr liebt? Ich weiß es nicht. Aber ich werde um ihn kämpfen.

Welche Formulierung ich für mein autogenes Training daraus ableiten kann, weiß ich auch nicht. ,Ich kämpfe' wird wohl kaum eine geeignete Formulierung sein. Gekämpft habe ich doch schon immer. Und die Erfolge waren mehr als bescheiden.«

Im schrittweisen Vorgehen der Fortgeschrittenenstufe soll die aktuelle Situation zunächst beschrieben werden, z. B.: »Ich klammere mich (am Partner) fest.« Der Lösungsvorsatz könnte lauten: »Ich lasse los.« Dieser Satz paßt aber wahrscheinlich nicht zur augenblicklichen seelischen Verfassung der Betroffenen. Sonst hätte sie ihn längst in die Tat umgesetzt. Das aktuelle Problem liegt demnach tiefer bzw. auf einem anderen Gebiet. Zunächst soll deshalb eine Problemanalyse stattfinden. Warum klammere ich (am Partner)? Ist es Unterwürfigkeit oder das Gegenteil, nämlich den Partner besitzen bzw. beherrschen zu wollen? Diese Fragen sind nicht leicht zu beantworten. Es bedarf eines hohen Maßes an Kritikfähigkeit, um sich der wahren Problematik zu stellen. Dies ist besonders schwer, wenn unbewußte seelische Verletzungen eine Rolle spielen. Könnte es z. B. sein, daß das Klammern mit Verlassenheitsängsten in der Kindheit zusammenhängt? Wenn autogene Vorsätze keine positiven Effekte zeigen, ist es möglich, daß seelische Verletzungen dem problematischen Thema zugrunde liegen. Obwohl die besprochenen fünf Regeln beachtet werden, fruchten die Vorsätze nicht. In solchen Fällen ist es nötig, sich einer eingehenden Problemanalyse zu stellen. Sollte dies nicht weiterführen, ist psychotherapeutische Hilfe angeraten.

Manchen gelingt es, mit dem Satz des griechischen Philosophen Epiktet den seelischen Knoten zu lösen:

»*Nicht die Dinge selbst beunruhigen uns, sondern die Meinungen, die wir uns über die Dinge machen.*«

● Überprüfen Sie einmal, wie stark Sie z. B. in Ihrer Partnerbeziehung Themen des Alltags interpretieren bzw. überinterpretieren. Der mit Deutungen übersäuerte Nährboden für Vorurteile bedarf möglicherweise einer Entgiftung.

Sind Sie in der Problemanalyse einen Schritt vorangekommen, geht es um die Zielfestlegung. Was wollen Sie erreichen bzw. verändern?

Wenn Ihnen klar geworden ist, daß z. B. die Befürchtung äußerer oder innerer Unselbständigkeit der Grund für Ihr Klammern ist, heißt Ihr Ziel: physische oder seelische Selbständigkeit. Zur Unterstützung dieses Zieles formulieren Sie jetzt einen zu Ihnen passenden persönlichen Leitsatz. Die Formulierung soll möglichst als Aussage in der Ichform stehen.

Leitsätze zur Stärkung der Selbständigkeit

»Ich kann auch einmal allein sein.«
»Alleinsein kann schön sein.«
»Ich kann loslassen.«
»Ich bin wertvoll.«
»Was ich schon alles geschafft habe!«
»Ich vertraue mir!«
»Ich bin frei!«
»Ich bin ...«

Eine von Ihnen durchformulierte und zu Ihrem problematischen Thema passende Formulierung fügen Sie ab jetzt in Ihre Grundstufenübungen ein. Die neue Formel ist besonders wirksam, wenn Sie sich diese in entspanntem Zustand suggerieren. Die Begrenzung auf ein bis zwei Vorsätze ist sinnvoll, in der Begrenzung liegt die Stärke. Es ist besser, sich in einen Vorsatz hineinzufinden, als sich in vielen zu verlieren.

Es folgen nun die einzelnen Stufen zur Erarbeitung der formelhaften Vorsätze und deren Anwendung.

Checkliste

Grundregeln für formelhafte Vorsatzbildung

1. *Problemanalyse:* Wie lautet das problematische Thema?

2. *Zielfestlegung:* Was will ich erreichen?

3. *Leitsatzformulierung:* Ich beachte die 5 Regeln für formelhafte Vorsätze bei der Vorsatzformulierung (s. S. 21).

4. *Formelsuggestion:* Ich verwende meinen Vorsatz als autosuggestive Formel im autogenen Training.

Schlafstörungen

Wenn Sie z. B. unter Schlafstörungen leiden, gilt die Problem-analyse den Themen, die den Schlaf behindern. Sie können sich fragen, ob alleine die Schlafbehinderung das problematische Thema ist oder ob die Schlafstörung die Folge eines anderen problematischen Themas ist. Im zweiten Fall muß die Problem-analyse weitergeführt werden. Im ersten Fall heißt das Ziel: Schlafförderung.

Leitsätze zur Schlafförderung

»Die Augenlider sind ganz schwer.«

»Schwere kommt beim Ausatmen.«

»Die Atmung vertieft die Entspannung.«

»Wohlige Wärme breitet sich in mir aus.«

»Ich genieße die Ruhe.«

»Schlaf darf kommen, wenn er will.«

Die Grundformeln des autogenen Trainings sind ebenfalls nach den allgemeinen Regeln für formelhafte Vorsätze aufgebaut. Sollten einzelne Formulierungen nicht zu Ihnen passen oder ha-ben Sie spezielle Wünsche, können Sie die Vorsätze der Grund-stufe so oder ähnlich umformulieren:

Veränderte Grundstufenformeln

»Die Schultern sind locker und gelöst.«

»Das Herz schlägt ruhig und frei.«

»Mein Atem fließt und strömt.«

Sie haben wahrscheinlich bereits beim Grundtraining bemerkt, daß emotionale Themen die Schulterbeschwerden oder Herz-störungen mitverursachen. Im Fortgeschrittenentraining kön-nen Sie die betreffenden emotionalen Themen aufgreifen.

Wenn Sie nach der Problemanalyse feststellen, daß ein Überfor-derungsgefühl Ihr Problem ist und Sie sich dem Überforderungsthema prinzipiell gewachsen fühlen, heißt Ihr Ziel: »Ich stelle mich der Anforderung.«

Leitsätze für den Umgang mit für Sie erfüllbaren Anforderungen

»Ich fange jetzt an.«
»Ich bin jetzt bei der Sache.«
»Ich bleibe beim Thema.«
»Ich vertrete meinen Standpunkt.«
»Ich habe die Sache im Griff.«
»Ich vertraue mir.«
»Ich gehe meinen Weg.«
»Ich erreiche mein Ziel.«
»Ich bin mir sicher.«

Haben Sie bei der Problemanalyse erfahren, daß Sie dem Thema nicht gewachsen sind, heißt die veränderte Zielsetzung: »Ich gehe mit meinen Energien sorgsam um.«

Leitsätze gegen Überforderung

»Ich habe die Wahl.«
»Ich kann loslassen.«
»Ich bin frei.«
»Ich bin souverän.«
»Ich bin gelöst.«

Sollten sich negative Gedanken zwischen Ihre richtungsgebenden Suggestionen drängen, können Sie sich ein energisches »Stop!« suggerieren und dann mit der Vertiefung Ihres Vorsatzes weiterfahren.

Hermann Hesse findet in seinem Gedicht »Stufen« folgende Formulierung für seinen Leitsatz:

»Wohlan denn, Herz, nimm Abschied und gesunde!«

In Hesses Überlegungen war die Problemanalyse vorausgegangen, die zur Zielfestlegung führte: Das Herz soll bei jedem Ruf des Lebens zu Abschied und zu Neubeginn bereit sein. Nach der Zielfestlegung folgt die genannte Leitsatzformulierung:

»Wohlan denn, Herz, nimm Abschied und gesunde!«

Unlösbar erscheinende Probleme

Wenn Sie sich mit unlösbar erscheinenden Problemen plagen, betrachten Sie die verschiedenen Einzelheiten der wahrscheinlich komplexen Problemlage. Leiten Sie für die Einzelheiten Ziele und Vorsätze ab.

Leitsätze für Einzelaspekte komplexer Problemlagen

»Der Augenblick ist wichtig.«
»Vergangenheit ist gestern.«
»Ich handle jetzt.«
»Ich stehe hinter meiner Entscheidung.«
»Ich darf auch nein sagen.«
»Ich arrangiere mich.«
»Ich registriere meine Vergangenheit als Vergangenheit.«
»Ich richte den Blick nach vorne.«
»Ich akzeptiere meine Grenzen.«
»Ich gehe meinen Weg.«
»Ich bin auf meinem Weg.«

Es ist wichtig, die Analysen und die Vorsatzformulierungen schriftlich festzuhalten. Notieren Sie auch Zwischenüberlegungen und unfertige Vorsätze. So gehen Ihre Zwischenergebnisse nicht verloren. Sie können die Probeformulierungen dann zum Ausgangspunkt für weitergehende Überlegungen machen.

Veränderungsabsichten können Sie in der Vorstellung daraufhin überprüfen, ob die Veränderungen sich tatsächlich vorteilhaft auswirken würden. Oder hat die jetzige Situation mehr Vorteile als Nachteile? Oder sollte das Ziel anders gesetzt werden? Spüren Sie sich, ohne die Ausgangssituation zu beschönigen, in die Konsequenzen einzelner Veränderungen hinein. Sie können an Ihrer jeweiligen Gefühlslage ablesen, ob eine beabsichtigte Veränderung sinnvoll ist. Haben Sie z. B. den Vorsatz »Ich arrangiere mich« gewählt, sollten Sie sich in die emotionalen Konsequenzen des Arrangements hineinspüren. Wenn Sie dabei ein unangenehmes Gefühl bekommen, erproben Sie, ob der gegenteilige Vorsatz »Ich setze mich durch« zu einem besseren Gefühl führt. Ist das nicht der Fall, liegt der am besten geeignete Vorsatz wahrscheinlich zwischen den beiden genannten Polen. Überprüfen Sie bei der schließlich gefundenen Formulierung, welche Auswirkungen Ihr Vorsatz auf die betroffenen Mitmenschen haben wird. Sind von deren Seite unangenehme Rückwirkungen zu erwarten, sollten Sie den Leitsatz überarbeiten. Diese Feinanalyse ist etwas aufwendig, erspart Ihnen allerdings die Einübung unpassender und deshalb wenig erfolgreicher Vorsätze.

● Wenn Sie die genannten Punkte beachten, können Sie die einzelnen Schritte des Fortgeschrittenentrainings selbst erarbeiten. Der vorliegende Text kann Ihnen dabei Hilfestellungen geben. Wer trotzdem auf unüberbrückbare Schwierigkeiten stößt oder einfach persönliche Unterstützung sucht, besuche einen Kursus oder wende sich an Fachleute. Auf jeden Fall ist es bereichernd, diesen sanften Weg der Selbstbeeinflussung zu gehen und wertvolle Selbsterfahrungen zu sammeln.

Um Ihnen die schriftliche Fixierung Ihrer Überlegungen zu erleichtern, folgt nun ein Arbeitsblatt.

Arbeitsblatt zur Erarbeitung formelhafter Vorsätze

1. Problemanalyse: Wie lautet das problematische Thema?
Mein problematisches Thema lautet ...

2. Zielfestlegung: Was will ich erreichen?
(Ist das Ziel realisierbar? Sind die Kräfte vorhanden? Ist das Ziel lohnend bzw. sinnvoll?)
Ich will erreichen, ...

3. **Leitsatzformulierung:** Sind die Ziele persönlich formuliert? Sind sie positiv formuliert? Sind sie als Aussagen formuliert?
   Mein Leitsatz/meine Leitsätze lauten ...

4. **Formelsuggestion:** Wie/wo baue ich die Vorsätze in meinen Alltag ein? Wann übe ich wie lange?
   Ich baue meine Vorsätze in den Alltag ein, indem ich ...

Die Oberstufe – tiefenpsychologisch orientierte Therapie

Die Oberstufe des autogenen Trainings beinhaltet keine Weiterführung der körperlichen Entspannung der Grundstufe. Vielmehr werden die autogenen Vorsätze auf einer existentiell gehobenen Stufe neu formuliert. Die Zielrichtungen sind meist nicht Entspannungsförderung oder unterstützende Suggestion, sondern förderliche Innenschau, Selbsterfahrung, Selbstfindung, Erkenntnis, Einsicht. Die mit der Autosuggestion, der formelhaften Vorsatzbildung und der körperlichen Entspannung verknüpften Erfahrungen bieten gute Voraussetzungen für die höheren Erfahrungen in der Oberstufe. Der Weg in der Oberstufe ist offener, mehr suchend, weniger festgelegt. Die Mittel sind zulassende Innenschau und sanfte Versenkung.

● Obgleich die Oberstufe des autogenen Trainings meditative Techniken wie Farb- oder Begriffsmeditation verwendet, ist sie bisher weniger als Meditation verstanden worden, sondern als psychotherapeutisches Mittel vor dem Hintergrund der Psychoanalyse. Schultz und die Mehrzahl seiner Nachfolger stehen nämlich in der psychoanalytischen Tradition. Psychoanalyse und autogenes Training wiederum haben ihre Ursprünge in der Hypnose, die in ihrer Entstehungszeit von einem passiven Patienten ausging. Mit Hilfe der Psychoanalyse und noch stärker mit der des autogenen Trainings sollte aus dem behandelten passiven Patienten ein handelnder aktiver Klient werden.

Für die Psychoanalyse hat S. Freud ein theoretisches System formuliert. Mit dieser psychoanalytischen Theorie versuchen Schultz und seine Nachfolger die Oberstufe des autogenen Trainings theoretisch zu fundieren. Schultz (1987) bezeichnet die

Oberstufe als tiefenpsychologisch fundiertes imaginativ-meditatives Verfahren. Tiefenpsychologisch ausgerichtet sind auch andere Autoren wie z. B. H. Wallnöfer (1978) und H. Kraft (1996). Letzterer vertritt die Richtung der analytischen Psychologie von C. G. Jung. K. R. Rosa (1983) bezeichnet die Oberstufe gar als psychoanalytischen Ansatz in der Nachfolge Sigmund Freuds.

● Der psychoanalytische Ansatz folgt dem kausalen Weltbild von Ursache und Wirkung und der technisch-mechanistischen Weltsicht. Der psychoanalytische Begriff der »Abwehrmechanismen« macht dies augenfällig.

Abwehrmechanismen

In Sigmund Freuds Psychoanalyse spielt der Abwehrmechanismus der Verdrängung neben dem der Rationalisierung die Hauptrolle. Erlebnisinhalte, die der Betroffene als übermächtig belastend empfindet, drängt er aus dem Bewußtsein. Freud benennt zwei Dimensionen im Menschen, das Bewußte und das Unbewußte, sowie drei Instanzen, das Ich, das Es und das Über-Ich. Dem Bewußten sind die ichnahen Fähigkeiten des Menschen zugeordnet, wie Wahrnehmen, Denken und Fühlen. Dem Unbewußten sind die aktuell nicht bewußten Inhalte und die nicht bewußtseinsfähigen Motive des Menschen sowie die verdrängten und damit nicht mehr dem Bewußtsein zur Verfügung stehenden konflikthaften Vorstellungen zugeordnet. Zur Ver-

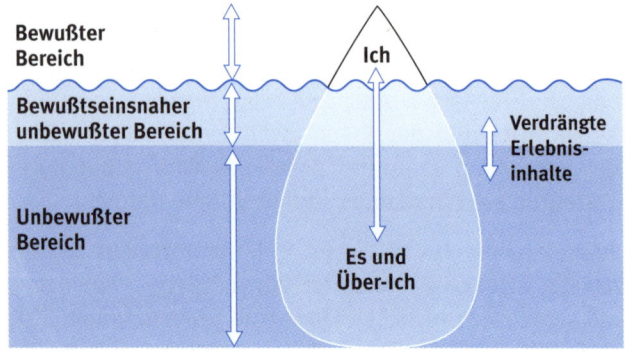

Abbildung 1: Bewußte und unbewußte Bereiche

deutlichung der Ausmaße der bewußten und der unbewußten Bereiche bietet sich das Bild eines Eisberges an. Der sichtbare ichhafte Bereich beträgt $1/7$. $6/7$ befinden sich temporär oder dauernd im unsichtbaren Bereich (vgl. Abb. 1).

● Dem Unbewußten ordnet man die persönlichen triebbehafteten Tiefenbereiche des Es und das gewissensbetonte Über-Ich zu. Den von Freud ausgesparten metaphysischen, transzendentalen Bereich könnte man als Über-Es bezeichnen und bliebe damit in der Freudschen Begriffslogik, die inhaltlich aber nicht so weit gedacht wurde. In der autogenen Meditation geht es um die in der Psychoanalyse ausgesparten transzendentalen »Über-Es«-Inhalte bzw. um »Ein-Sichten« in höhere Seinsbereiche.

C. G. Jung hat unter anderem das Freudsche »Persönliche Unbewußte« um das »Kollektive Unbewußte« erweitert. Zum kollektiven Unbewußten gehören die Archetypen, die kulturübergreifende Urbilder beinhalten. Diese Erweiterung ist sinnvoll, weil nicht alles Unbewußte persönlicher Natur ist. Trotzdem hat Jung sein Theoriegebäude nicht um die transzendentale Dimension ergänzt. Transzendentales Denken paßte nicht zum damals vorherrschenden physikalisch-naturwissenschaftlichen Zeitgeist.

Grenzen und Grenzüberschreitungen

Dank der entspannten Ausgangslage in der Oberstufenarbeit kommt es zum freundschaftlichen Dialog zwischen Denk- und Bilderwelt und zur Erweiterung des Erfahrungshorizontes. Das Ich-Bewußtsein lernt die bildhafte Ausdrucksweise des Unbewußten kennen. Es lernt die vielen positiven Begleitgefühle kennen, die durch die Farben- und Formenvielfalt hervorgerufen werden. In der wohligen Versenkung wächst auch der Mut, über Bereiche, die noch im dunkeln liegen, mehr zu erfahren. Dies kann auf sanfte Art geschehen, indem die Übenden sich in tiefer Entspannung auftauchende Bilder neugierig anschauen. Sie können auch häufig auftauchende Bilder gezielt während der Entspannung aufrufen und sich in die Bilder vertiefen. In der imaginativen Innenschau können sich die Bilder auch verändern oder in Bildabläufe übergehen. B. Hoffmann (1997, S. 555) hat es so zusammengefaßt:

»Die Oberstufe des Trainings führt zu einer Entfaltung von brachliegenden, bis dahin nicht genutzten ‚minderwertigen’ Funktionen; dazu gehört das Auftauchen bisher nie gekannter Emotionen, Stimmungen und Befindlichkeiten, die Entwicklung optischer Erlebnisse, das symbolisch-anschauliche Darstellen von Problemen – mit einem Wort: eine Fülle neuer Einsichts- und Erlebnismöglichkeiten.«

● Die tiefenpsychologisch orientierte Oberstufe zielt auf Erkenntnisse über das irdische Sein. Im Gegensatz dazu ist die transpersonal orientierte Oberstufe auf Einsichten in höheres Sein gerichtet. Meditation ist nicht wie die tiefenpsychologisch orientierte Oberstufe kausal und dual ausgerichtet, sondern holistisch und einheitlich. Die weltanschauliche Orientierung in der Meditation ist teleologisch und ethisch definiert.

Die Perspektive in der transpersonalen Oberstufe ist transzendentale »Ein-Sicht«, in der tiefenpsychologisch orientierten Oberstufe besteht sie in Erkenntnisgewinn bezüglich der irdischen Existenz.

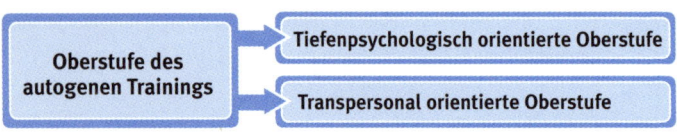

Abbildung 2: Die Orientierungen in der Oberstufe

(vgl. auch Tabelle 2, S. 55 f.: Zielrichtungen der autogenen Meditation).

Beide Zielrichtungen erscheinen als Gegensätze, die in der autogenen Meditation aufgehoben werden sollen. Das irdische Sein ist die eine Seite der Existenz, das transzendente Sein die essentielle andere. In der Philosophie bezeichnet man die beiden Seinsbereiche als Dasein und als So-Sein. Zwischen beiden bestehen Verbindungen und ein Kontinuum. Vermeintliche Unvereinbarkeiten zwischen beiden sind kopfgemacht. In Tabelle 2, S. 55 f., sind die Übergänge mit Pfeilen angedeutet. Weitere Erläuterungen dazu folgen später. In Träumen tritt mitunter das »Material« auf, das die Psychoanalytiker mit den Betroffenen aufgreifen, analysieren und in der autogenen Oberstufe weiter bearbeiten.

Fallbeispiel

Ein gestreßter Handelsvertreter berichtet von einem Alptraum

»Ich laufe, ich renne durch die Stadt. Ich weiß nicht, wohin. Ich bin auf der Flucht, mein Herz schlägt bis zum Halse. Ich möchte gerne wissen, wer mich verfolgt, aber ich traue mich nicht, mich umzuschauen. Wie gehetzt renne ich weiter durch die Straßen und über die Plätze. Als ich um eine Häuserecke biege, läßt das Gehetztsein einen Augenblick nach, ich kann durchatmen. Aber schon kommt die Befürchtung, daß der Verfolger mich einholen könnte, und ich renne weiter. Und ich spüre auch wieder etwas, was hinter mir her ist. Ich renne wieder schneller. Die Häuserwände fliegen nur so an mir vorbei. Ich renne so schnell, daß ich Angst habe, zu stolpern, mich zu überschlagen, eingeholt und überwältigt zu werden. Und schon stolpere ich. Ich falle hart zu Boden, irgend etwas holt mich ein und überdeckt mich wie eine Staubwolke. Mir wird schwarz vor Augen. – Als ich im Traum die Augen wieder öffne, finde ich mich an einem Flußufer wieder. Ich liege mit dem Kopf nach unten auf der Böschung. Vor mir fließt der Fluß langsam vorbei. Ich hebe den Blick und sehe nicht weit entfernt Brückenpfeiler am Ufer und im Wasser. Die Brücke selbst ist noch nicht fertig. An Gerüsten arbeiten Menschen. Mit diesem friedlichen Bild endet der Traum.«

In der tiefenpsychologischen Bearbeitung fragt der Analytiker, was dem Analysanden zu bestimmten Begriffen oder Bildern einfällt. Die Assoziationen lassen sich dann in der autogenen Oberstufenarbeit verwenden. Der therapeutische Dialog ist prinzipiell auch ohne Therapeut als Zwiegespräch mit einem imaginären Partner möglich. Da jedoch beim imaginierten Dialog leicht unüberwindbar erscheinende Barrieren auftauchen oder Unverständnis den analytischen Prozeß behindert, bleibt die tiefenpsychologisch orientierte Bearbeitung meist dem Dialog zwischen Therapeut und Klient vorbehalten.

Wenn Sie selbst einen therapeutischen Dialog ausprobieren möchten, stellen Sie sich Ihren Gesprächspartner am besten als weise Frau oder weisen Mann oder als weisen Ratgeber vor. Beim Dialog sind die folgenden Regeln zu beachten:

Checkliste

Regeln für einen therapeutischen Dialog

1. Über welches Thema oder Bild, das mich bewegt, möchte ich mehr wissen?
   (Z. B.: »Ich schrecke vor einer Entscheidung zurück.«)
2. Ich formuliere das Thema positiv oder neutral.
   (Z. B.: »Eine Entscheidung steht an.«)
3. Ich stelle mir Fragen zum Thema.
   (Z. B.: »Was fällt mir zu ‚Entscheidung' ein?« Oder: »Was ist so wichtig bei dem Thema?«)
4. Ich führe einen Dialog mit einem weisen Menschen.
   (Z. B.: »Ich habe Angst vor den Konsequenzen meiner Entscheidung.« Weiser Mensch: »Woher kennst du das Gefühl? Hattest du schon früher solche Erlebnisse?« »Ich habe früher einmal eine Entscheidung bereut.« »Welche Ähnlichkeiten haben die beiden Themen?« »Keine, aber ich fürchte mich trotzdem.«)
5. Ich entspanne mich und vertiefe mich in ein positives oder neutrales Wort bzw. Bild, das im Zusammenhang mit dem problematischen Thema auftaucht.
   (Z. B.: »Konsequenz«, »Entscheidung« oder »Wegegabel.«)
6. Ich höre auf eventuelle Kommentare meines inneren Ratgebers.
   (Z. B.: »Gehe deinen Weg!«)

Nach diesen Regeln vollzieht sich die Problembearbeitung beim tiefenpsychologisch orientierten Oberstufentraining. Die Trainierenden können auch Fragen an das Unbewußte stellen, z. B.: »Warum fallen mir Entscheidungen so schwer?«

Zur Einleitung der Übungen kommt das verstandesgesteuerte formelhafte Vorgehen des autogenen Trainings den westlichen Menschen entgegen, da sie viel rationaler als etwa die Menschen in Asien mit sich und ihrer Weltsicht umgehen.

Gegensatz von Denken und Fühlen

Die Grund- und Fortgeschrittenenübungen des autogenen Trainings können helfen, durch positive Entspannungserfahrungen mehr Abstand von den eventuell vorhandenen negativen Gefühlen zu bekommen, um damit zusammenhängende unangenehme Erlebnisse anschließend leichter bearbeiten zu können. Die Betroffenen sind aus der Entspannung heraus besser in der Lage, sich den problematischen Themen zu stellen und sie einer geistig-seelischen Bearbeitung zugänglich zu machen. Einige Mittel zur Problembearbeitung bietet die Fortgeschrittenenstufe an. Die tiefenpsychologisch orientierte Oberstufe hilft, tieferliegende Ursachen zu verdeutlichen.

● Die Oberstufe läßt sich nicht erst dann einsetzen, wenn es zu Defekten im Körperlichen oder Seelischen gekommen ist. Viel sinnvoller ist ihre prophylaktische Anwendung und ihre Nutzung beim Umgang mit alltäglichen Themen. Warten Sie nicht, bis Sie sich depressiv festgefahren haben oder das Herz infarktgefährlich versteinert.

Die Oberstufe ist erfahrungs-, erkenntnis- und einsichtsorientiert. Sollten Sie auf der rationalen Erkenntnisebene verharren, könnte dies auf die Wirksamkeit eines Hilfsmechanismus hindeuten, der ein Voranschreiten in unbekanntes Terrain verhindert. Ein solcher Schutzmechanismus wird wirksam, wenn Sie die Reise in die Innenwelt noch nicht genügend vorbereitet haben. Sie sind dann zur selbsterfahrenden Innensicht innerlich noch nicht bereit. In einem solchen Fall sollten Sie sich zunächst vertiefend mit den Grundübungen des autogenen Trainings beschäftigen, die Übungen häufiger, aber zeitlich kürzer durchführen. Sie können sich angenehmen Farben und Formen, die bei den Übungen als visuelle Begleiterscheinungen auftauchen, zuwenden und sich in sympathische bildhafte Erlebnisse hineinspüren.

Zur Vorbereitung auf die transpersonal orientierte Oberstufe und zur Einstimmung auf die autogene Meditation folgen nun Erläuterungen zu den wichtigsten Meditationsrichtungen.

Meditation

Meditation ist traditionsgemäß die östliche Form der geistig-seelischen Versenkung. Die westliche Entsprechung ist die Kontemplation, die wie die meisten östlichen Meditationstechniken der Förderung religiöser Ziele dient. Meditation läßt sich aber auch ohne religiösen Hintergrund nutzen.

Verschiedene Formen der Meditation

Da Meditation den Weg zu transzendentalen Erfahrungen öffnet, ist es sinnvoll, entweder eine religiöse Verankerung oder eine für das Transzendente offene Weltanschauung zu haben. Für überpersönliche Meditation ist es sinnvoll, festen Boden unter den Füßen zu haben, auf den Sie sich zurückziehen können, wenn Sie mit neuen Erfahrungen einmal bodenlos in der Luft hängen sollten. Versenkungsmeditation führt zu überpersönlichen Einsichten und in unbegrenzte Weiten.

Entspannung und tiefenpsychologisch orientierte Oberstufenarbeit führen im autogenen Training zu existentiell begrenzten Erfahrungen. Die Oberstufe benutzt in beiden Ausrichtungen auch hervorragende, aus dem Osten stammende meditative Techniken, ohne deren religiöse Basis zu übernehmen.

- Die Basis der *Mandala- und Bild-Meditation* ist der von Buddhismus und Hinduismus beeinflußte Tantrismus.

- Die Basis der *Mantra- oder Formel-Meditation* ist der Hinduismus.

- Die *Zen-Meditation* ist buddhistischen Ursprungs und taoistisch beeinflußt.

- Die *kontemplative Meditation* hat ihre Basis im Christentum.

- *Yoga* ist von seinem Ursprung her weltanschaulich neutral, heute jedoch meist hinduistisch oder buddhistisch geprägt.

Die hier ausgewählten Meditationstechniken berücksichtigen die Mentalität des westlichen Menschen. Bei der Mandala-Meditation benutzen Sie den im Alltag bevorzugten Sehsinn. Bei der Mantra-Meditation nutzen Sie den etwas weniger geübten Hörsinn. Alle Meditationen bedienen sich des Spürsinns und des zielgerichteten Willens.

Mandala- und Mantra-Meditation

Die Begriffe »Ma«, »Mo«, »Mandala«, »Mantra« und »Meditation« beginnen mit einem weichen M. Der weiche Klang ist charakteristisch für die Inhalte der Meditation. Es geht um sanfte, vollendete Formen und Wortklänge. Ihre universale Verankerung macht ihre Kraft aus.

Mandala-Meditation

Die meditative Kraft in der Mandala-Erfahrung wird in esoterischen Kreisen besonders geschätzt. Die Möglichkeit, die Kraft der Mandalas zu erfahren, ist jedoch nicht auf exklusive Kreise beschränkt. Jeder hat einfache oder komplizierte Mandala-Formen tagtäglich vor Augen, ohne sie als solche zu erkennen. Die einfachste Mandala-Form ist der Kreis, die in sich geschlossene, vollendete Form, ohne Anfang und ohne Ende. Komplexe Mandalas beeindrucken z. B. als Rosettenfenster in Kirchen oder in der Aufsicht auf geöffnete Blüten, wie weit entfaltete Rosen- oder Margeritenblüten.

● Mandala heißt in der Grundbedeutung »Kreis«. In der Mandala-Meditation, die im Tantrismus, der Lehre vom Gewebe der Einheit, besonders weit verbreitet ist, versenken sich die Meditierenden in einem multisensoriellen Kontext in geometrisch aufgebaute Grafiken oder Bilder. Den Kreisen, Dreiecken und quadratischen Formen im Mandala werden symbolische Bedeutungen beigemessen. Der Kreis ist das Symbol der Vollkommenheit, der Vollendung, der Alleinheit. In der meditativen Einstellung auf das Kreissymbol lassen sich diese Ziele fördern. Es ist jedoch nicht nötig, von einem bestimmten Symbolgehalt des Kreises auszugehen. Die individuellen Erfahrungen werden zielstrebig in die genannten Richtungen gehen, da die Mandalagrundformen weitgehend universelle Bedeutung haben. Der Tiefenpsychologe C. G. Jung hat solche kulturübergreifenden archaischen Gemeinsamkeiten als Archetypen bezeichnet. Ein archaisches Lebensgefühl und die Wahrnehmung des Gerundet-vollendeten erlebt das Kleinkind an der Mutterbrust, der Erwachsene bei der Einstellung auf Sonne oder Mond bzw. bei der Mandala-Meditation. Von Menschenhand geschaffene Mandalas faszinieren als magische Kreise, rosettenförmige Scherenschnitte oder symmetrisch aufgebaute Bilder. Wenn Sie sich selbst ein Mandala entwerfen, beginnen Sie am besten mit einem Kreis. Den Kreis können Sie mit weiteren Kreisen, Halbkreisen, Quadraten und Dreiecken füllen. So könnte ein selbstentworfenes Mandala aussehen:

Abbildung 3: Mandala

Wenn Sie sich früher schon einmal mit Meditation befaßt haben, können Sie jetzt eine Mandala-Meditation ausprobieren. Setzen Sie sich dazu z. B. mit aufgerichtetem Oberkörper auf einen Stuhl oder auf den Boden. Ihre Hände liegen nach oben geöffnet auf den Oberschenkeln. Sie konzentrieren sich auf Ihre Haltung und fühlen, wie Sie schwerer werden. Sie nehmen wahr, wie Sie mit dem Boden verbunden und geerdet sind. Sie spüren Ihren Körper, nehmen das kraftvolle Einatmen und das entlastende Ausatmen wahr.

Nach diesen Vorbereitungen betrachten Sie Ihr Mandala. Sie richten Ihren Blick darauf, fixieren es. Bald schließen sich die Augen, und Sie sehen das Mandala vor dem inneren Auge weiter. Sie nehmen die vollendete Form und die eventuell vorhandenen Farben in sich auf oder durchschreiten, transzendieren das Mandala. Sie bekommen eine Ahnung von Ihrer Verbundenheit mit der Natur und von der Einheit allen Seins. Abschließend gehen Sie Ihre Meditationsschritte bis zum Ausgangspunkt zurück.

Als autogen Erfahrene haben Sie Unterschiede, aber auch Gemeinsamkeiten zu den Grundstufenübungen des autogenen Trainings festgestellt. Gemeinsamkeiten liegen in der entspannten Ausgangshaltung, der Wahrnehmung des Körpers und im Schweregefühl. In der später noch ausführlicher beschriebenen Mandala-Meditation werden Sie sich auch auf die Grundformen Kreis, Quadrat, Rechteck und auf komplexe Mandalas einstellen. Auch den begleitenden Farbphänomenen und Bildern werden Sie sich meditativ zuwenden.

Mantra-Meditation

Ähnlich wie im Menschen Urformen wirken, sind auch Urklänge wirksam. Die Menschen besitzen einen feinen Resonanzboden für Urklänge. Die erste Silbe in »Man-Tra« ist ein Urklang mit universeller Bedeutung. Im Indischen bedeutet »Man« ähnlich wie im Englischen und im Deutschen »Mensch«, die zweite Silbe steht für Schutz oder Beschirmung. Die Mantra-Meditation ist besonders im Hinduismus verbreitet. Die Hindus finden in den harmonischen Mantra-Klängen zur persönlichen Integrität und zur universellen Einheit. »Nada Brahma – die Welt ist Klang« hat J.-E. Berendt (1985) in seinem bekannten Buchtitel formuliert. »Das Universum ist Klang« bedeutet, daß jedes Wesen zum Klangkörper gehört und selbst Klangkörper ist. Das Senden und Empfangen von harmonischen Klängen trägt zur Harmonie in der Welt bei und fördert den eigenen Einklang mit dem Universum.

● Das allumfassende heilige Mantra ist OM. In der Meditation versenkt man sich in den Klang. Die Meditierenden wiederholen möglichst ohne Pausen den Begriff in monotoner, aber engagierter Weise. Mantras wirken vor allem durch ihren Klang, die Silben brauchen keine sinntragende Bedeutung zu haben. Die häufigsten verwendeten Buchstaben sind die Vokale O, A, E, I und U. O verkörpert das umfassende, universelle Prinzip. A und E stehen für horizontale Bewegungen, I und U für vertikale Bewegungen. Man könnte sich A-E und I-U auch als Himmelsrich-

tungen im universellen O vor Augen führen, wie es in der Mantra-Meditation häufig geschieht. Die Himmelsrichtungen lassen
sich auch in das allumfassende OM integrieren, indem die Meditierenden dem O ein A vorausschicken und ein U folgen lassen.
Im M findet dann A-O-U eine weitere Abrundung. Dieses OM lautet A-O-U-M. Das bekannte erweiterte OM mit sinntragenden Begriffen lautet »OM mani padme hum«. Das heißt, bildhaft ausgedrückt: »Heil dem Juwel im Lotos«, oder abstrakter ausgedrückt:
»Ehre dem Höchsten (Juwel) im Vollendeten (Lotos).«

Mantras, die sowohl mit Klang, Rhythmus, Wortsinn als auch
mit symbolischem Gehalt wirksam werden können, sind besonders kraftvoll. Durch ständige gleichklingende Wiederholung
steigert sich die harmonisierende schöpferische Kraft. Die Natur
ist auf Zusammenklang und Zusammenwirken angelegt. Bei ge-
lungenem Zusammenklang kommen Abrundung und Harmonie
zustande. Es ist kein Zufall, daß sich in der Sprache Begriffe aus
der Klangwelt zur Benennung des natürlichen Zusammenwir-
kens herausgebildet haben. Zusammenklang, Rhythmus, Resonanzboden, Harmonie etc. sind die im asiatischen Mantra ent-
haltenen Klangbilder. Die Mantra-Meditation strebt diese Ziele
an. Im Westen beinhaltet das christliche »Amen« am ehesten
das Ziel von Harmonie. Die Christen verwenden es nicht als
Mantra, sondern als Gebetsabschluß. Das abschließende N bildet aber im Gegensatz zum abrundenden M nur einen unvoll-
kommenen Abschluß. Die Kirche benutzt zwar mantraähnliche
Formulierungen wie »Meine Schuld, meine Schuld, meine große
Schuld«. Diese Mantras sind allerdings nicht auf Harmonie, sondern vorerst auf das Thema »Leiden« ausgerichtet.

Hier ist nicht der Platz für weitere Erläuterungen. Sie sollten lediglich einen Einblick in die Möglichkeiten der Mantra-Meditation bekommen.

● In der autogenen Meditation finden Sie Anwendungen der
Mantra-Meditation. Die für das autogene Training typischen
Vorsätze werden ähnlich wie Mantras durch ständiges, meist
monotones Wiederholen verinnerlicht. Der wie ein Mantra ver-
wendete Begriff »warm« beginnt mit einem schwingenden W,

gefolgt von einem horizontal bewegten A und einem rollenden R und endet mit dem abrundenden M.

Za Zen und kontemplative Meditation

Sie lernen jetzt Grundzüge der asiatischen Tradition des Za Zen kennen, die sich ganz ohne Klänge oder Worte auf die Bedeutung des Augenblicks und des Leerseins richtet. Im Gegensatz dazu benutzt die christliche Tradition der kontemplativen Meditation Klänge und Worte. In neuerer Zeit propagieren einige christliche Ordensleute eine Verbindung von kontemplativer Meditation und Za Zen.

Za Zen

Za Zen heißt Sitz-Meditation. Es handelt sich dabei um eine meist im asiatischen Lotossitz durchgeführte buddhistische Sammlungsmeditation. Charakteristisch im Za Zen ist die im Schweigen vertiefte Achtsamkeit, die der Meditierende zergliedernd auf Dinge des Alltags oder auf den eigenen Körper bezieht. Die Sammlungsmeditation hat das Ziel, im Hier und Jetzt die Einheit allen Seins zu erfahren. Dies geschieht in der Aufhebung des Dualismus von Subjekt und Objekt.

Was Ihnen in dieser verkürzten Darstellung schwer eingängig erscheinen wird, ist die einheitliche Sicht allen Seins im Za Zen und in anderen Meditationen. (vgl. Tabelle 2, S. 55 f.). Der westliche Mensch mit seinem materiellen Denkhintergrund denkt meist in Gegensatzpaaren wie angenehm/unangenehm oder gut/böse. Die Buddhisten registrieren die Dinge des Alltags, spalten oder bewerten sie aber nicht. Es kommt zu keinem Beurteilen oder Verurteilen. Die Situation erscheint als »neutrale« Gegebenheit, die Bestandteil des Ganzen ist. Aus dem kausalen westlichen Satz »Das Kind ärgert die Mutter« wird die östliche Gleichsetzung »Kind – Ärger – Mutter«, die keine Kausalbeziehung enthält.

Die weltanschauliche Basis für diese Sichtweise ist der Urbuddhismus. Über China, wo der Buddhismus taoistisch beeinflußt wurde, gelangte er nach Japan. Dort ist er bis heute als Zen-

Buddhismus, d. h. als Meditations- bzw. Sammlungsbuddhismus, wirksam.

Um die Welt und die Dinge des Alltags einheitlich zu sehen, ist es nicht unbedingt nötig, die buddhistische Sichtweise von der Überwindung des Leidens, von der Erleuchtung und vom Übergang ins Nirvana zu vertreten. Diese Grundlagen erleichtern zwar die Sicht der Welt als eine Einheit. Es ist aber auch möglich, auf einer anderen religiösen oder philosophischen Basis die Übungen des Za Zen durchzuführen. Das hat unter anderem Pater Lassalle erkannt, der Za Zen für die christliche Meditation adaptierte. Zunächst wurde er in kirchlichen Kreisen wegen seiner Zen-Adaption angefeindet, die Wogen haben sich aber geglättet.

● Schultz hat zwar nicht ausdrücklich Techniken der Zen-Meditation übernommen, er hat jedoch Anregungen für seine Methode aus dem Za Zen bezogen. Den typischen asiatischen Lotossitz empfand er als für Europäer unpassend. Er suchte nach einer typisch europäischen Meditationshaltung und fand sie in der versunkenen Haltung der Berliner Droschkenkutscher, die auf ihrem Kutschbock ausruhen. Anstelle des Lotossitzes setzte er den Droschkenkutschersitz. Daß dieser Sitz für Trainierende mit Wirbelsäulenbeschwerden ungünstig ist, hatte er zur damaligen Zeit höherer Stabilität der Wirbelsäule noch nicht vor Augen gehabt. Das Schweigen während der autogenen Übungen hat er dem Za Zen entlehnt. Während der Übungen soll weder vorgesprochen noch selbst gesprochen werden. Als Ziele gelten die Sammlung der Aufmerksamkeit und die Vertiefung in eine Aufgabe, beide allerdings nach westlichem Verständnis.

Kontemplative Meditation
Der Begriff »Kontemplation« beinhaltet den Begriff »Tempel«. Übersetzt könnte Kontemplation heißen: gesammelt und vereint im Tempel Gottes. Kontemplative Meditation bezieht sich auf ein göttliches Wesen. Im Gegensatz dazu ist das reine Schauen in der Zen-Meditation gegenstandslos. Der christlichen Sicht in ihrem vereinnahmenden Wesen gelingt es sogar, das dem Wesen nach gegenstandslose Schauen der Zen-Meditation mit

dem Göttlichen zu füllen. Mit dieser neuen Sinngebung kann Zen-buddhistische Meditation sogar dem Christentum einverleibt werden. Diese »Übernahmeakrobatik« mag Schultz sich zum Vorbild genommen haben, als er die abendländisch-christliche Kontemplation für das autogene Training nutzbar machte. Sein Credo bleibt der abendländischen Tradition verbunden, er formuliert aber nicht »gesammelt im Tempel Gottes«, sondern »gesammelt im Tempel des Körpers«. Auf dem Tempel des Körpers beruht die Grundstufe des autogenen Trainings. Die weiterführenden Stufen bauen darauf auf. Aus der kontemplativen, liebevollen Vereinigung mit dem Göttlichen wird die hinwendungsvolle Vereinigung des Körperlichen mit dem Geistigen und dem Seelischen.

● Akribisch ausgearbeitete Anleitungen zu kontemplativen Exerzitien stammen von Ignatius von Loyola aus dem 16. Jahrhundert. Im wesentlichen handelt es sich dabei um eine Schweigemeditation mit christlichem Hintergrund. Das Schweigen soll der Rückbesinnung auf sich selbst und der Nähe Gottes dienen.

Die kontemplativen Herzensgebete der orthodoxen Ostkirche sollen über den Kopf direkt zum Herzen, dem Gefühlszentrum, und von dort zu Jesus gehen. Die Worte des dieses Gebetes sollen nicht mechanisch wiederholt werden, sondern im Meditierenden schwingen und Widerhall finden. Diese Meditation soll zur mystischen Einheit von Geist, Herz und Jesus führen. Ohne das Ziel mystischer Einheit zu verfolgen, übernimmt das autogene Training die gebetsartigen Wiederholungen der Formeln. In der meditativen Vertiefung in Leitbegriffe kann es auch in der autogenen Oberstufe zur mystischen Vereinigung mit der Leitidee, z. B. den Begriffen »Wahrheit« oder »Licht«, kommen.

Yoga und Chakren-Meditation

Wesentlich älter als die christliche Kontemplation sind die buddhistische Meditation, die Yoga-Tradition, die etwa 5000 Jahre zurückreicht, und die Chakren-Meditation. Yoga und Chakrenlehre sind in ihren Ursprüngen keiner Religion verpflichtet.

Wohl bedient sich z. B. der Hinduismus der Yogalehre und der Taoismus benutzt die Chakrenlehre. Auch im Westen sind Yoga und Chakrenlehre inzwischen relativ weit verbreitet.

Yoga

Da Yoga seit über fünf Jahrtausenden geübt und weiterentwikkelt wird, gibt es eine Vielzahl von Erfahrungen, Erkenntnissen, Richtungen und Untersuchungen im Yoga. Die systematisch durchgeführten Untersuchungen des Yoga erfreuen die westlichen Wissenschaftler.

● Yoga heißt »Joch zur Einheit« oder »Verbindung zur Einheit«. Im Yoga geht es um den pfleglichen Umgang mit sich und der Welt. Der einzelne ist immer Teil der Welt, des Universums, der universellen Energie und des universellen Bewußtseins in der Alleinheit des Seins. Die Yogawege unterstützen die Einheit der Person, indem sie in aktuell defizitären oder überbetonten Körper- oder Seinsbereichen des Menschen ansetzen.

● Der Hatha-Yoga z. B. wählt den Körper als Ansatzpunkt. Im Westen wird Hatha-Yoga deshalb oft als Körpertraining mißverstanden. Hatha-Yoga meint allerdings, daß die Körperhülle auf ihre Hüllenfunktion zurückgeführt wird und wieder integraler Bestandteil des »All-Seins« ist.

● Karma-Yoga ist der Yoga des selbstlosen Handels. Mit Alltagsaktivitäten, für die keine Belohnung erwartet wird, verringern die Übenden ihre Selbstbezogenheit. Der Raja-Yoga, auch Königsyoga genannt, dient der Stärkung von Konzentration und Selbstbeherrschung. Jnana-Yoga stärkt das universale Bewußtsein. Bhakti-Yoga ist der Yoga der Hingebung und Verehrung. Kundalini ist der Yoga der aufsteigenden Energien mit dem Ziel der Alleinheit.

Alle Yogarichtungen basieren auf festen Regeln zur disziplinierten, meditativen und ethischen Lebensgestaltung, so daß man mit Recht vom »umfassenden Yogasystem« sprechen kann.

Die Yogaregeln zur Lebensgestaltung

1. Ehrfurcht vor dem Leben – nicht töten
2. Respekt vor den Mitmenschen – nicht stehlen
3. Ehrlichkeit sich selbst und anderen gegenüber – nicht lügen
4. Selbstlosigkeit und Zufriedenheit – nicht begehren
5. Wunschlosigkeit und Dankbarkeit – nicht aneignen
6. Körperreinigung – als Vorläufer der Gedankenreinigung
7. Geduld – als Voraussetzung für Zufriedenheit
8. Disziplin – als Voraussetzung für die Durchführung der Yogaübungen
9. Weisheit – als Ziel der Lebensführung und der Meditation
10. Einsicht – der universellen Einheit allen Seins

Auf diesen Hintergründen bewegen sich die einzelnen Yogawege, also auch der Hatha-Yoga. Die von Schultz aus dem Hatha-Yoga übernommene Liegehaltung müßte eigentlich auf dem Yogahintergrund reflektiert werden. Die einzelnen Haltungen sind nicht nur Körperhaltungen, sondern sollen auch inneren Haltungen entsprechen.

Eine wichtige Rolle spielen im Yoga die Atemübungen. Die enge Verbindung von Atmung und Leben findet darin ihren Ausdruck. Die besondere Atemübung bei Schultz trägt der hohen Bedeutung der Atmung Rechnung, die im Yogasystem bereits seit mehreren tausend Jahren verankert ist.

Energiebahnen Sie haben wahrscheinlich schon vom grobstofflichen und vom feinstofflichen Körper gehört. Dem grobstofflichen, physischen Körper stellt die Yogalehre einen feinstofflichen Körper zur Seite. Die feinstoffliche Energie, die u. a. mit der Atmung aufgenommen wird, nennt der Yogi »Prana«. Die Pranaenergie fließt durch Energiekanäle, die Meridiane genannt werden. Von Meridianen haben Sie im Zusammenhang mit Akupunktur oder Ayurveda gehört. Der westlichen Wissenschaft sind diese zwölf Energiebahnen noch weitgehend unbekannt. Folglich sind auch die sieben Energiezentren, die Chakren, der westlichen, mechanistisch orientierten Wissenschaft noch weitgehend verschlossen.

Chakren-Meditation

Weder die Meridiane noch die Chakren lassen sich mit dem vegetativen Nervensystem gleichsetzen. Die Energiebahnen und die Energiezentren sind Systeme, die im Westen kaum bekannt sind.

● Chakra heißt Rad. Darin kreist die Pranaenergie. Die Chakren sind Energiezentren, in denen sich Prana sammelt und wieder verteilt. Wichtig ist der ungehinderte Fluß der Energien. Das Weiterfließen der Energien kann in gestörten Chakren behindert werden. Es kommt zum Energiestau, z. B. in der Brustraummitte, dem sogenannten Herzchakra. Dem Herzchakra sind Mitgefühl, Verbundenheit und Liebe zugeordnet. Bei Blockadegefühlen im Herzchakra könnten sich die Betroffenen meditativ auf diese Themen einstellen. Die Chakrenlehre ordnet den Zentren auch Natur-, Geruchs- und Farbentsprechungen zu. Zum Herzchakra gehören Blüten. Es spricht besonders auf Rosenduft und auf die Farben Rosa oder Grün an. Einige dieser synästhetischen Entsprechungen macht sich die autogene Meditation zu eigen.

● **Tabelle 1: Chakren**

Chakra	Funktion	Geruchsentsprechung	Farbentsprechung
Wurzelchakra	Erdung, Grundkraft	Zeder	Rotbraun
Genitalchakra	Sexualität, Schöpfungskraft	Sandelholz	Orange
Bauchchakra	Zentrierung, Individualisierung	Rosmarin	Gelbgold
Herzchakra	Verbundenheit, Liebe	Rose	Rosa, Grün
Halschakra	Kommunikation, Kreativität	Salbei	Hellblau
Stirnchakra	Intuition	Jasmin	Violett, Gelb
Scheitelchakra	Transzendenzverbindung	Lotos	Weiß, Purpur

Die Geruchs- und Farbentsprechungen stellen keine festen, unumstößlichen Zuordnungen dar. Die Zuordnungen unterliegen soziokulturellen Einflüssen und persönlichen Erfahrungen. Die Meditierenden können sie als Anregungen oder Anhaltspunkte für ihre Meditation verwenden.

● Ihnen ist sicher aufgefallen, daß in den Organübungen des autogenen Trainings drei Chakrenbereiche auftauchen: in der Bauch- oder Sonnengeflechtsübung, der Herzübung und der Stirnübung. Bei Schultz sind diese Übungen aber auf das vegetative Nervensystem bezogen. Die Organbereiche des autogenen Trainings haben deshalb andere, auch individuell unterschiedliche synästhetische Entsprechungen als die Chakren. Die spezielle Chakrenarbeit und Chakren-Meditation wird im energetischen Yoga, besonders im Kundalini-Yoga, ausgeübt. Die autogene Meditation bewegt sich typischerweise nicht auf dem Yogapfad. Es ist jedoch durchaus möglich, Yoga als Basis für die autogene Meditation zu wählen. Ohne eine solche ausdrückliche Wahl bildet die abendländische Ethik die Basis für die autogene Meditation.

Oberstufe und Meditation

Das autogene Training einschließlich der von Schultz in seinem Standardwerk nur knapp abgehandelten Oberstufe ist westlich-naturwissenschaftlich ausgerichtet. Meditation hingegen ist meist transzendental orientiert und ethisch verankert.

Die meditativen Dimensionen der Oberstufe

Autogenes Training ist psychophysisch orientiert, Meditation dagegen metaphysisch. Die Weltsicht im autogenen Training ist mechanistisch-kausal, in der Meditation ideell-holistisch. Wie paßt das zusammen? In der Theorie geht das nicht zusammen, wohl aber in der Erlebniswelt der im autogenen Training Geübten. Die autogenen Erfahrungen kümmern sich weder in der Grundstufe noch in der Oberstufe um theoretische Grenzen. Sie zeigen sich als spontane Imaginationen oder als neuartige Ideen.

Tiefenpsychologisch orientierte Oberstufe und transpersonal orientierte Oberstufe

K. R. Rosa (1983, S. 30) vermißt in der Oberstufe des autogenen Trainings die theoretische Fundierung und merkt kritisch an, daß es im Oberstufenerleben zu »verwirrend vielgestaltigen Produktionen kommen kann«. Schultz wählt als theoretischen Hintergrund für die Oberstufe des autogenen Trainings den psychoanalytischen Ansatz von S. Freud, allerdings ohne dies genauer zu begründen oder auszuführen. Er will auf autogenem Wege Material aus dem Unbewußten auf die Bewußtseinsebene heben. Er strebt analytische Oberstufenarbeit an, für die er sieben meditative »Motive« (vgl. Schultz, 1987, S. 231 ff.) nennt: 1) Eigenfarbe, 2) bestimmte Objekte, 3) abstrakte Gegenstände, 4) Eigengefühl, 5) Bild eines anderen Menschen, 6) fragende Einstellungen und 7) Fragen an das Unbewußte. Diese sieben Bereiche werden kaum näher erläutert, sondern isoliert mit Erlebnisprotokollen zu verdeutlichen versucht.

Die psychotherapeutisch ausgerichtete tiefenpsychologische Oberstufe, bei der konflikthafte Themen, die sich in symbolischer Umhüllung zeigen, bearbeitet werden, war bereits Thema im ersten Kapitel. In diesem Kapitel differenzieren wir zwischen *tiefenpsychologischer Oberstufe* und *transpersonaler Oberstufe*. Diese Differenzierung ist nötig, weil die tiefenpsychologisch begründete Oberstufe sich mit der metaphysisch orientierten Meditation theoretisch nicht vereinbaren läßt. Die auf das Dasein beschränkte tiefenpsychologische Theorie begrenzt den individuellen Erfahrungshorizont und verhindert höhere Erfahrungen und »Ein-Sicht«. Es kommt trotzdem zu metaphysischen Oberstufenerfahrungen, wenn sich die Meditierenden nicht vom psychoanalytischen System in ihren Erfahrungen begrenzen lassen. Unbegrenztes Erfahrungspotential eröffnet sich in der transpersonalen Oberstufe.

● Beide Oberstufenwege sind gangbar. Der Weg der tiefenpsychologisch analysierenden Oberstufenarbeit sollte jedoch nur in Begleitung eines Psychotherapeuten begangen werden. Der transpersonal orientierte Oberstufenweg sollte in einem Kurs unter fachlicher Anleitung stattfinden. Gruppenkurse mit vier bis sechs Beteiligten sind besonders effektiv. Falls Sie keine Gelegenheit zur Teilnahme an einem Kurs haben, können Sie mit den Anleitungen dieses Buches den autogen-meditativen Weg beginnen und zwischenzeitlich bzw. bei Bedarf einen Meditationslehrer hinzuziehen.

Tiefenpsychologisch orientierte Oberstufe

Schultz hatte sich mit Yoga und dem Buddhismus beschäftigt und einige der zugehörigen Meditationspraktiken im autogenen Training, besonders in der Oberstufe, verwendet. Trotzdem hat er dem autogenen Training kein philosophisches oder östlich-teleologisches System zugrunde gelegt. Für die Grundstufe wählte er physiologische Abläufe als Erklärungshintergrund. Für die Oberstufe wählte er die ihm geläufige Psychoanalyse als Hintergrundmodell. Schultz meinte, diese Grundlegungen seien weltanschaulich bzw. religiös neutral. In seinem vermeintlich neutralen System benutzte er Techniken der Schweigemeditation, die im Osten wie im Westen mit transzendentalem Hintergrund vonstatten geht. Diese und andere Einverleibungen meditativer Techniken führen zu Unvereinbarkeiten in dem von ihm gewählten begrenzten Erklärungsmodell. Mit der lapidaren Feststellung, daß die »hier lagernden Fragestellungen ... die Arbeitsmöglichkeiten eines einzelnen ... weit übersteigen« (Schultz, 1987, S. 248) zieht er sich aus der Affäre.

Transpersonal orientierte Oberstufe

Die konsequent erweiterte autogene Oberstufe sprengt die Fesseln der psychoanalytischen Einengung und erscheint neu geboren als offene *autogene Meditation*. Die transpersonal orientierte Oberstufe des autogenen Trainings ist wie die tiefenpsychologische Oberstufe im Westen im christlichen Umfeld entstanden. Sie ist jedoch nicht christlich determiniert. Die transpersonale Oberstufe ist frei für alle offenen weltanschaulichen, philosophischen und religiösen Systeme. Die einzige Bedingung ist die Offenheit für eine transzendentale Dimension.

Zielrichtungen der autogenen Meditation

Meditieren heißt, für Einsichten in höheres Sein offen zu sein. Meditieren heißt nicht, nach Transpersonalität zu suchen oder sich intellektuell mit diesem Thema auseinanderzusetzen. Meditative Oberstufenarbeit heißt, sich mit Geist und Seele, also total, in ein Thema zu vertiefen und erwartungsfrei den Weg der Innenschau zu gehen, ergebnisoffen den Weg der »Einsicht« zu betreten. »Versenkung« ist ein gebräuchlicher Begriff in der Meditation, der auch in der meditativen Oberstufe gebräuchlich ist.

Um Ihnen die Orientierung in den zwei Arten der Oberstufenarbeit zu erleichtern, folgt auf Seite 55 f. ein tabellarischer Überblick über die tiefenpsychologisch orientierte Oberstufe und die transpersonal orientierte Oberstufe. Sie finden in dem tabellarischen Überblick die Gegenüberstellung des tiefenpsychologischen Erkenntnisweges und des meditativen Einsichtsweges.

● **Tabelle 2: Zielrichtungen der autogenen Meditation**

Autogenes Training Oberstufe		
	Tiefenpsychologisch orientierte Oberstufe = Erkenntnisweg (Beginn der Oberstufenarbeit auf der psychophysischen Ebene) ⇨ ⇨	**Transpersonal orientierte Oberstufe = Einsichtsweg (»Ein-Sicht«)** (Weiterführung der Oberstufenarbeit auf der metaphysischen Ebene)
Seinssicht	Dasein, Existenz personenzentriert ⇨	So-Sein, Essenz wesenhaft
Weltsicht	dual, kausal, materiell mechanisch, technisch ⇨	einheitlich, holistisch, ideell teleologisch, ethisch
Orientierung	psychophysisch Körper/Seele-Haben ⇨	metaphysisch Leib/Seele-Sein
Dimension	Raum, Zeit ⇨	Raum-Zeit-Kontinuum, Raum-Zeit-Einheit
Weg	suchen, fragen anschauen ⇨	sich versenken, geschehen lassen, schauen, durchdringen
Methode	Selbsterfahrung, Analyse Entspannungsmeditation ⇨ ⇨	Meditation Versenkungsmeditation
therapeutisch	tiefenpsychologische Analyse verdrängter Erlebnisinhalte ⇨	transpersonale Therapie
Inhalte	persönliches Unbewußtes (Freud) kollektives Unbewußtes (Jung) ⇨ ⇨	spirituelle Tiefe Transpersonalität
strukturell	Ich, Bewußtheit, Über-Ich, Es ⇨	Klarheit Tiefen-Selbst, (Über-Es)

Einheit	Selbst	⇨	höheres Selbst
	Gewahr-Werden	⇨	Gewahr-Sein
Blickrichtung	Vergangenheits-aktualisierung und Versuch der Zukunfts-beeinflussung	⇨	Einheit des Seins im Jetzt, Gewahrsein des Ganzen
Ergebnisse	Vergangenheits-bearbeitung Selbsterkenntnis	⇨	Einsichten in höheres Sein
gefolgt von	Beseitigung von Störungen, Bewußtseinserweiterung	⇨	Urvertrauen Emergenz
Aktivitäten	bildern, visualisieren assoziieren, lernen (Neu-)Bewertung	⇨	imaginieren schauen Innenschau
gefolgt von	Adaptation (von Vergangenem)	⇨	transzendentalen Einsichten
Horizont	begrenzt endlich	⇨	frei, unbegrenzt unendlich
Ausrichtung	existentiell	⇨	transzendental

Verbindung der beiden Ebenen in der   **autogenen Meditation**

Die Pfeile verweisen auf die Erweiterung der Seinssicht durch Überschreitung der materiellen, physischen, kausalen und dualen Seinsbetrachtung)

Tiefenpsychologische Sicht

Die Weltanschauung, die der tiefenpsychologisch orientierten Oberstufe zugrunde liegt, stützt sich auf die Vorstellung der Beherrschbarkeit der Welt mit technischen Mitteln; sie ist geprägt vom Glauben an die Ergründbarkeit der Gesetze des Universums mit kausalen Mitteln. Die Geheimnisse des Makro- und Mikrokosmos sollen mit Raumsonden und Mikroelektronik ergründet werden. Die Naturwissenschaftler stellen sich in den Dienst der Technik. Aus gesamtorganischem Beobachten wird mechanistisches Funktionieren oder Fehlfunktionieren.

Sogar die Psychologie schließt sich nach zunächst ganzheitlichem Betrachtungsansatz der kausal-mechanistischen Sichtweise an.

In Freuds naturwissenschaftlichem Eifer, mit dem er möglicherweise eigene ungeklärte Daseinsängste zu überdecken versuchte, war es ihm nicht möglich, eine transzendentale Dimension zu erkennen bzw. anzuerkennen. Die psychoanalytische Therapie richtet ihren Blick rückwärts, indem sie vergangene Erlebnisse rekonstruiert und Unbewußtes bewußt zu machen versucht. Vergangenes soll nachverarbeitet, Unbekanntes bewußt werden. Beides soll der Bewußtseinserweiterung dienen. Mit Hilfe von Assoziationen soll die Erkenntnis über das eigene Selbst gesteigert werden. Durch Neubewertung soll es zur Nachverarbeitung fehlinterpretierter Wahrnehmungen kommen. Die tiefenpsychologisch orientierte Oberstufe des autogenen Trainings fügt ihre eigenen, typischen Möglichkeiten hinzu: Visualisierung und Bilderschau sollen die psychoanalytischen Ziele unterstützen. Die Oberstufe hilft, Vergangenes zu adaptieren. Zusätzlich bietet sie die Möglichkeit, zukünftige Entwicklungen mit autosuggestiven Vorsätzen zu beeinflussen.

● Trotz dieser zukunftsorientierten Erweiterung bleibt die tiefenpsychologisch orientierte Oberstufe der begrenzten irdischen Existenz verhaftet. Die unbegrenzte spirituelle Weite bleibt bei kausal-tiefenpsychologischer Denkweise verschlossen.

Transpersonale Sicht

Der Wechsel von der dualen Erkenntnisstufe auf die holistische unikale Ein-Sichtsstufe bedeutet einen Paradigmawechsel. Aus der vorherigen physischen Begrenztheit wird unbegrenzte transpersonale Freiheit. Aus Sich-Vorstellen wird Sich-Versenken, Schauen und Durchdringen. Die Pfeile in Tabelle 2 auf S. 55 f. sollen andeuten, daß es sich nicht um einen abrupten Paradigmawechsel handelt, sondern sanfte Übergänge möglich sind. Eine sanfte Weiterentwicklung von der konträren dualen zur einheitlichen Seinsicht ist auch in der westlichen Welt möglich. Hinweise für den Paradigmawechsel finden sich nicht nur in esoterischen Kreisen, sondern man trifft sie auch im Alltag.

Die Zeitschrift des Verkehrsclubs von Deutschland (VCD) heißt statt Verkehr »Fairkehr«. Die Mitglieder bemühen sich um die Erhaltung der natürlichen Ressourcen und um ein verträgliches Miteinander. Die Umbenennung der »Dritte-Welt-Läden« in »Eine-Welt-Läden« zeigt den beginnenden Bewußtseinswandel. Neue Handelsbegriffe wie »Transfair« und »biologischer Anbau« zeigen sogar auf merkantilem Gebiet Einsichten in ökonomische und ökologische Zusammenhänge. Nicht »Haben«, sondern »Sein« ist im Leben die Devise, der sich die Existenzphilosophen in Europa bereits im frühen 20. Jahrhundert zugewandt haben. Die Ideen tragen im späten 20. Jahrhundert und mehr noch im 21. Jahrhundert Früchte. Die spirituellen Erfahrungen der meditativ Geübten befruchten den sozialen Raum. So gesehen, sind Imaginieren und Innenschau kein Eigenzweck, sondern dient auch der holistischen Weltsicht und Weltentwicklung. Der einzelne erkennt sich als Teil des Ganzen und als mitverantwortlich für das Ganze. Er erkennt sich nicht nur als Mitglied einer einzelnen Interessengruppe, sondern der Interessengruppe Menschheit. Für diese Form der umfassenden Zugehörigkeit hat K. Wilber (1995) den Begriff *Emergenz* geprägt: der einzelne ist Bestandteil einer Gruppe und Bestandteil des Universums. Er besitzt keinen Körper, sondern er ist Körper. Er besitzt keine Seele und keinen Geist, sondern er ist ein Seelen- und Geistwesen. Diese Erkenntnisse sind allerdings nicht neu. Das Yogasystem lehrt sie seit Tausenden von Jahren. (Vgl. S. 45.)

Die einheitliche Weltsicht der transpersonalen Psychologie von Ken Wilber macht sich die erweiterte Oberstufe des autogenen Trainings zu eigen. Sie nutzt die meditativen Techniken und teilweise deren Hintergründe. Somit ist die erweiterte Oberstufe die metaphysisch offene Stufe des autogenen Trainings. Raum und Zeit sind keine begrenzenden Dimensionen mehr. Die Meditierenden leben in einem Raum-Zeit-Kontinuum. Aus dem Kontinuum wird in der Versenkungsmeditation die Raum-Zeit-Einheit.

● Spirituelle Tiefenerfahrungen lassen sich nicht gezielt herbeiführen, sondern sind als Geschenk zu betrachten. In der transpersonal orientierten Oberstufe lassen sich wie in der transpersonalen Therapie Versenkung, spirituelle Tiefe, höheres Selbst und die Einheit des Seins fördern. In Überschreitung des Freudschen Modells könnten diese transpersonalen Qualitäten in dem Begriff des »Über-Es« zusammengefaßt werden. Da dieser Begriff jedoch zu sehr an die traditionelle Freudsche Systematik erinnert, ist es günstiger, statt Über-Es den Begriff »Tiefen-Selbst« zu wählen. Aus dem Bewußt- und Gewahr-Werden in der Psychoanalyse wird Bewußt- und Gewahr-Sein des Ganzen in der Meditation. Im Schauen in der Imagination kann es zu tiefer Innenschau und zu erkenntnisüberschreitenden transzendentalen Einsichten kommen. Die Freiheit in der Einheit des Seins können Sie in der autogenen Meditation erfahren.

Möglichkeiten der transpersonalen Oberstufe

Die transpersonal erweiterte Stufe des autogenen Trainings ist die metaphysisch orientierte Oberstufe, die man auch als autogene Meditation bezeichnen kann. Die für Transpersonalität offene Oberstufe ist frei von psychoanalytischen oder sonstigen theoretischen Begrenzungen. Sie ist für transzendentale Erfahrungen und Einsichten offen. Erläuterungen zu dieser Thematik haben Sie in den vorausgegangenen Kapiteln erhalten. Bevor Sie sich den einzelnen Übungen zuwenden, sollen Sie nun erfahren, welche Möglichkeiten Ihnen die transpersonal offene Oberstufenpraxis eröffnet und was Sie mit diesen meditativen Oberstufenübungen erreichen können.

Neue Freiheiten

Die Oberstufe ermöglicht Ihnen, Ihr Leben und Erleben intensiver wahrzunehmen und mehr zu Ihrer Zufriedenheit zu gestalten. Hierbei spielen Neubewertungen und neue Sichtweisen eine Rolle. Wenn während der Oberstufenübungen unbekannte, nicht erwartete oder nicht gewünschte Wahrnehmungen auftauchen, sollten Sie diese nicht gleich verwerfen oder als Störeinflüsse beurteilen. Nicht erwartete Wahrnehmungen können einen Hinweis auf bedeutsame Inhalte Ihres Selbst enthalten. Falls in einer Ruhesituation unerwartet die Farbe Rot auftaucht, ist das zwar eine Störung der Ruhe, die Oberstufe hat jedoch nicht prinzipiell das Ziel, Ruhe oder Entspannung zu fördern. Die Oberstufe hat das Ziel, Ihnen zu helfen, nach innen zu schauen, angenehme und unangenehme Eigenheiten wahrzunehmen und ein Stück mehr vom eigenen Wesen zu erkennen.

Die transpersonal orientierte Oberstufe eröffnet Ihnen zusätzlich die Freiheit grenzenloser Innenschau, Klarheit des Schauens und Einsicht in höheres Sein. Die Ziele von Einsicht, Harmonie und Zufriedenheit, die Sie in der tiefenpsychologisch orientierten Oberstufe systembedingt nur schwer erreichen konnten, können Sie nun ohne theoretische Einengung leichter erreichen, freilich auf der höheren, metaphysischen Ebene. Sie erfahren, daß es mehr gibt als verstandesgesteuerte Erkenntnisse. Der kognitive Erkenntnisdrang tritt zurück und Einsicht in das unbegrenzte Sein eröffnet sich. Zufriedenheit ist in der autogenen Meditation keine Folge von materiellem Reichtum. Zufriedenheit entsteht, wenn Sie sich im Einklang mit sich selbst befinden. Der Einklang der Sinne und des Erlebens im synästhetischen Unisonoerleben schafft Zufriedenheit. Die Farb-, Form- und Musikmeditation unterstützen den Zusammenklang und Einklang des Erlebens.

Neue Sichtweisen

Wenn der Einklang gestört ist, kommt es u. a. zu Unzufriedenheitsgefühlen. Dies geschieht leicht bei überhöhten Ansprüchen und besonders bei negativen, kausalen Interpretationen. In dem Urteil »Mein Partner ärgert mich« hat ein Partner die Worte »Mein – Partner – Ärger – Ich« in einen beurteilenden Kausalzusammenhang gebracht. In der Meditation können Sie sich einem einzelnen dieser Worte zuwenden bzw. sich ohne einengenden Kausalzusammenhang in die Wortkette vertiefen.

● Wie das im einzelnen vonstatten geht, erfahren Sie im nächsten Teil des Buches. Dort lesen Sie auch, daß die Farbe Rot in einem Ruhebild nicht als Störsignal, sondern als Hinweissignal gesehen werden kann. Störende Bilder und behindernde Erlebnisse gelten während der Oberstufenarbeit nicht als Fehler. Störeinflüsse sind ein Hinweis darauf, daß im Leben Unausge-

wogenheiten bestehen, die sich zu Wort melden. Mißverhält-
nisse zeigen sich in zwiespältigem Erleben oder unausgewoge-
nen Bildern. Umgekehrt können Sie mit harmonisch ausgewo-
genen Bildern Harmonie in sich selbst, mit Ihren Mitmenschen,
mit der Umwelt und mit dem Universum fördern. Ihr Erleben
und Ihr Leben werden freier von Getriebenheit, Druck und Ge-
gendruck. In der meditativen Selbsterfahrung lernen Sie sich
selbst besser kennen, Sie erkennen Ihre stärkeren und
schwächeren Seiten. In der Meditation können Sie sich auf Ihre
sogenannten Stärken und Schwächen einstellen. Da beide Bereiche zu Ihrer Person gehören, können Sie in sanfter Meditation ein freundschaftliches Verhältnis zu Ihren vermeintlich
stärkeren und schwächeren Seiten aufbauen und damit zur
ganzheitlich-harmonischen Sicht Ihrer Person beitragen. In der
geistig-seelischen Ausgeglichenheit treten kaum noch negativ
gefärbte Empfindungen auf. Ihre positiven Erfahrungen können sich intensivieren, da Sie mit holistischer Weltsicht nicht
ständig das negative Gegenteil der angenehmen Erfahrungen
zu befürchten brauchen. So kommt es zu einer positiven Inten-
sivierung der Gefühle. Als Folge der holistischen Sichtweise
kann auch Angst abnehmen. An die Stelle von beengender Befürchtung tritt neugieriger Erforschungsdrang. Sie sind ge-
spannt auf den weiteren Verlauf des Weges, den Sie vor sich
haben. Sie entwickeln ein unvoreingenommenes Interesse am
Wesen Ihrer Person. Sie interessieren sich für Mitmenschen,
ohne sie gleich verändern zu wollen. Sie fühlen sich dem
Ganzen zugehörig.

● Mit Ihrer neugewonnenen Freiheit und Geborgenheit können Sie gelassener Ihren Lebensweg gehen. Vorher als unüberbrückbar bewertete Hindernisse oder Gegensätze erkennen Sie
als Teile des Ganzen. Die Hindernisse erscheinen nun vielleicht
als Wegmarken. Ein unerfüllter Wunsch kann z. B. neue Horizonte eröffnen. Unvereinbarkeiten können sich glätten oder
entwickeln sich zu neuen Einheiten. Interessengegensätze zwischen Partnern werden gemildert, indem die Partner sich einander annähern oder neue Interessenpartnerschaften eingehen.

● Zielfreie Innenschau in der autogenen Meditation führt als mittelfristiges Ergebnis zur Relativierung von Gegensätzen. Im reinen Schauen durchdringen Sie anders als in der Psychoanalyse phänomenale Hüllen. Sie erleben sich im Kontinuum von Raum und Zeit. Vielleicht kommen Sie so weit, Raum und Zeit als Einheit zu erleben. Oder Sie erleben sich als quirligen Wassertropfen im Ozean des Lebens.

Seinserfahrungen

Die höheren Seinserfahrungen sind mit sprachlichen Mitteln nicht mehr faßbar. In der Meditation zeigen sich vermehrt symbolische, bildhafte Darstellungen. Sie brauchen die Bilder nicht zu analysieren. Betrachten Sie die Symbole, und vertiefen Sie sich in die Bilder. In der autogenen Meditation ist es auch möglich, Bilder frei aufsteigen zu lassen. In meditativer, ergebnisoffener Bereitschaft können Bilder zu Lebens- und Seinsfragen auftauchen. Die wesenhaften Imaginationen sind meist von einem tiefen Geborgenheitsgefühl begleitet. Sie fühlen sich dem großen Ganzen emergent zugehörig. Vertrauen in die eigene Integrität wächst, Urvertrauen in den kosmischen Plan gibt Sicherheit und Gelassenheit.

● Diese hohen Stufen der autogenen Meditation sind Ergebnisse längerer Versenkungsmeditation. Es wäre unrealistisch, sie nur zu erwarten oder sogar in kurzer Zeit erreichen zu wollen.

Aber wahrscheinlich fehlt Ihnen die Geduld zum Warten. Folglich gelingt Ihnen die zielfreie Innenschau nur schwer. Seien Sie nicht enttäuscht! Wie heißt es so schön: »Es ist noch kein Meister vom Himmel gefallen.« Der Meisterschaft gehen die Lehrjahre voraus, in denen die Grundlagen für eine eventuelle spätere Meisterschaft gelegt werden. Der Wille »weiterzukommen«, den Sie auch in der autogenen Meditation nutzen können, ist ein guter Motor für das Lernen. Sehen Sie Ihre Ungeduld als Motor, der den Übungswillen antreibt. Dann brauchen Sie nur darauf zu achten, den Antrieb für Ihr meditatives Handeln zu nutzen. Er soll an der Meditationsbasis wirksam werden:

● Stellen Sie sich auf Farben, Formen, Musik oder Bilder ein. Visualisieren Sie Personen, imaginieren Sie zu Gegenständen und

Begriffen. Stellen Sie in der meditativen Versenkung Fragen zu aktuellen oder grundsätzlichen Themen des Lebens. Meditieren Sie Ihr Sein. Im stufenweisen Voranschreiten wachsen Erkenntnisse und Einsichten. Sie lernen sich selbst besser kennen – und schätzen. In der Innenschau eröffnen sich bisher unbekannte Weiten, die das Leben bereichern. In den meditativen Oberstufenübungen können auch Antworten auf Lebensfragen auftauchen. Wundern Sie sich nicht, wenn Sie zu verblüffenden Erkenntnissen und Einsichten gelangen. Neue Erkenntnisse können Sie wiederum zum Thema einer nächsten autogenen Meditation machen, indem Sie die Erkenntnis in Worte oder Bilder fassen und damit Ihre autogene Meditation fortsetzen. Die erneute Innenschau kann zu weiteren Erkenntnissen und Einsichten führen.

Autogene Meditation

Sie haben im ersten Teil des Buches Wissenswertes zu den Stufen des autogenen Trainings und zur Meditation erfahren. Sie wissen, daß autogenes Training psychophysisch ausgerichtet, Meditation jedoch metaphysisch orientiert ist. Die Gegensätze scheinen unüberbrückbar, in der autogenen Meditation lassen sie sich aber überwinden.

Voraussetzungen für die autogene Meditation

Die autogene Meditation verlangt keine bestimmte Weltanschauung als Eingangsvoraussetzung. Eine ganzheitliche Sicht des Seins erleichtert den Einstieg, gilt jedoch nicht als Bedingung.

Grundlagen der autogenen Meditation

In der tiefenpsychologisch orientierten Oberstufe ist die Verbindung von autogenem Training und Meditation nur teilweise möglich, da Techniken aus unbegrenzten metaphysischen Systemen in einem begrenzt tiefenpsychologisch-naturwissenschaftlichen System benutzt werden. Dies führt zwangsläufig zu Unvereinbarkeiten und Irritationen. Auf der anderen Seite erweist sich eine rein metaphysisch orientierte meditative Oberstufe für viele im westlich-materiellen Denken verhaftete Menschen als zunächst zu weit von ihren alltäglichen Erfahrungen entfernt.

● Es liegt nahe, eine tragfähige Verbindung der beiden Oberstufenzweige entstehen zu lassen. Die Verbindung ergibt sich, wenn die theoretische Begrenzung der tiefenpsychologischen Orientierung aufgegeben, für transpersonale Inhalte geöffnet und in der transzendentalen Orientierung physischen und kognitiven Aspekten Raum gegeben wird. Dies soll die autogene Meditation ermöglichen. (Vgl. Abb. 4, S. 67.)

In der autogenen Meditation können Sie Mittel der tiefenpsychologisch orientierten Oberstufe nutzen, sich damit den Einstieg in die Meditation erleichtern, schrittweise den begrenzenden Rahmen erweitern, dann überschreiten und gleitend in transzendentale Bereiche übergehen. Sie brauchen Ihr kausales, zergliederndes Denken und Ihre materielle Orientierung nicht gleich aufzugeben. Dies käme wahrscheinlich einer Überforderung gleich. Sie sind zwar mit Ihrem bisherigen Weltbild unzufrieden und suchen nach neuen Orientierungen, sind aber noch Gefangene Ihrer Entwicklungsgeschichte. Ihr gewohntes kausa-

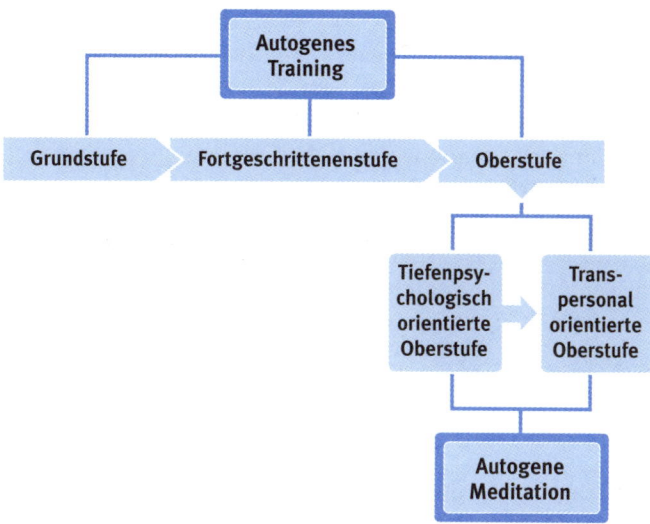

Abbildung 4: Der Weg in die autogene Meditation

les Denken und Ihr materielles Haben-Wollen bieten Ihnen noch eine gewisse Sicherheit. Vielleicht sind Sie auch ein Anhänger des Mottos: »Was ich heute habe, habe ich. Was ich bekomme, weiß ich nicht.« Ihre Rückversicherung können Sie getrost behalten, bis Sie etwas Besseres gefunden haben! Sie können die Oberstufenübungen von Ihrer aktuellen Weltsicht ausgehend beginnen und sich in neue Bereiche vortasten. Solange Sie die autogene Meditation noch zur Steigerung des psychophysischen Wohlbefindens oder zu psychotherapeutischen Zwecken nutzen, sollten Sie als Einordnungs- und Bezugshintergrund ein passendes Theoriesystem wählen. Das Rahmensystem braucht nicht die Psychoanalyse zu sein. Auch die Psychologie von C. G. Jung oder die kognitive Verhaltenstherapie bieten geeignete Bezugssysteme. Geht es Ihnen um Einsichten in höhere Seinsbereiche, können die psychophysischen Ordnungen einengend sein. Um weiterhin dem Bedürfnis nach Einordnung Ihrer Erfahrungen nachkommen zu können und auf sicherem Boden zu stehen, wählen Sie sich als Rahmensystem einen für Sie passenden weltanschaulichen bzw. religiösen Hintergrund.

Sie werden die Weite und Klarheit der transpersonalen Meditation kennen- und schätzenlernen. Für Ihr zukünftiges Dasein werden Sie wahrscheinlich zu dem Schluß kommen: Haben-Wollen grenzt mein Leben ein, Sein-Wollen führt zu Offenheit, Freiheit und Zufriedenheit. Das Haben-Wollen wird relativiert, und das eigentliche Sein kann in den Vordergrund treten. Da Sie vermutlich ein neugieriger Mensch sind, wächst auch Ihr Drang, transpersonale Aspekte zu erforschen. Der Weg zu Erkenntnissen und Einsichten liegt vor Ihnen. Welche Ausrüstung Sie brauchen, um sich den Weg zu vereinfachen, erfahren Sie jetzt.

Eignungsfrage

Wer ist geeignet, die Oberstufe des autogenen Trainings zu erlernen? Eine nahezu umfassende Antwort beinhalten die Begriffe »Neugier« und »Aufgeschlossenheit«. Wer neugierig und aufgeschlossen für neue Erkenntnisse ist, ist grundsätzlich geeignet.

● Spüren Sie Neugierde in sich oder einen gewissen Drang zu neuen Erkenntnissen über sich selbst? Wollen Sie mehr Einblick in Ihr psychosoziales Beziehungsgefüge erlangen? Vielleicht geht es Ihnen sogar wie dem suchenden Faust, der wissen will, »was die Welt im Innersten zusammenhält«. Gehören Sie zu den Menschen, die sich manchmal Fragen über Ihr Dasein stellen, aber keine rechten Antworten finden? Beeinflussen Ihre vorläufigen Antworten Ihr weiteres Suchen? Haben Sie bereits Erfahrungen mit Entspannungsverfahren oder mit Meditation? Gelingt es Ihnen, sich in Themen des Alltags hineinzudenken und hineinzufühlen? Berühren Sie positive bzw. negative Nachrichten, oder gehen Sie »kalt« darüber hinweg? Können Sie sich beschriebene Gegenstände oder Landschaften bildhaft vorstellen? Tauchen manchmal Ideen oder Bilder vor Ihrem inneren Auge auf, die Sie nicht erwartet haben, die Sie jedoch interessant finden und über die Sie mehr wissen möchten?

Einige dieser Fragen haben Sie sicherlich mit Ja beantwortet, so daß gute Voraussetzungen für das Gelingen der autogenen Meditation vorliegen. Für die Zahlengläubigen unter Ihnen folgt etwas später ein Fragebogen zur Eignung, mit dessen Hilfe Sie den Grad Ihrer Erfolgsaussichten errechnen können.

Indikation

Die Eignungsfrage wirft auch die Fragen nach Indikation und Kontraindikation der Oberstufenübungen auf. Als Indikationen gelten Wissensbedürfnisse bezüglich des physischen und metaphysischen Seins. Erkenntnisdrang und Aufgeschlossenheit für höhere Einsichten bilden die Basis und sind gleichzeitig der Motor für die Oberstufenarbeit. Für diejenigen, die nach neuen Antworten auf Lebensfragen suchen, ist die Oberstufe ein besonders geeigneter Weg.

Der innere Drang, mehr über das Sein zu erfahren, ist nur bedingt altersabhängig. Eine gewisse Reife und geistige Flexibilität sollten vorhanden sein. Bei Interesse an Seinsfragen läßt sich die autogene Meditation etwa ab dem 14. Lebensjahr durchführen.

Ziele der autogenen Meditation

Mit der autogenen Meditation lassen sich die folgenden Ziele unterstützen:

1. Selbsterfahrung, Selbsterkenntnis
2. Bewußtseinserweiterung, Selbstverwirklichung
3. Synästhetisch und synergetisch vertieftes Erleben
4. Harmonieerleben, Gelassenheit
5. Innenschau, Seinserfahrung
6. Einsicht in höheres Sein, Urvertrauen
7. Gewahrsein von Einheit, »Ein-Sicht«

Die autogene Meditation hilft Ihnen bei der schrittweisen Annäherung an die genannten Ziele. Wenn Sie im Alltag diese Ziele nicht ganz aus dem Auge verlieren, unterstützen Sie Ihre Gesundheit und Ihr positives Lebensgefühl und tragen zur Salutogenese, zur »Heilwerdung« bei. Zur 1977 von Antonowski herausgestellten Salutogenese finden sich bei Ohm (1997) nähere Erläuterungen.

Kontraindikationen

Sie werden die vielfältigen Möglichkeiten, die Ihnen die autogene Meditation öffnet, sicherlich begrüßen. Der Vollständigkeit halber sollen Sie nun die Kontraindikationen erfahren, die den Übungserfolg in Frage stellen könnten. Ihre eventuelle Befürchtung, für die autogene Oberstufe ungeeignet zu sein, ist unbegründet, wenn Sie nicht unter schweren Persönlichkeitsstörungen, wie selbstverherrlichendem Narzißmus, oder unter Psychosen, wie Schizophrenie oder sogenannter endogener Depression, leiden. Narzißmus würde meditative Fortschritte verhindern, schizophrene Schübe könnten verstärkt werden. Im Zweifelsfall befragen Sie Ihren Behandler, ob es gravierende Gründe gibt, die gegen die Beschäftigung mit der autogenen Oberstufe sprechen.

Trainingsbehinderungen

Nicht als Kontraindikationen, aber als Behinderung für Ihre Übungsfortschritte werden sich Erfolgserwartungen aller Art auswirken. Wenn Sie auf verbessertes Wohlbefinden warten, wird es sich wahrscheinlich nicht einstellen. Wenn Sie Innenschau erzwingen wollen, werden sich keine Tore zur Innenwelt öffnen. Wenn Sie während einer Übung ungeduldig werden, ist es besser, die Übung zu beenden und das nächste Mal mit frischem Mut erwartungsoffen neu zu beginnen. Es ist unmöglich, als Übender gleich meisterhaft zu sein. Selbst beim Meister wird es Stagnationen oder Rückschritte geben. Sie selbst haben es jedoch in der Hand, das Stagnieren oder die Rückschritte nicht als Rückschläge, sondern als Wegmarken zu betrachten. Jede einzelne Ihrer Erfahrungen ist eine Wegmarke auf Ihrem Weg zu Erkenntnissen und Einsicht.

Eignungsfragebogen

Mit dem folgenden Fragebogen können Sie abschätzen, welche Voraussetzungen bei Ihnen für die autogene Meditation vorliegen und wie zügig Ihr Voranschreiten auf dem Meditationsweg wahrscheinlich sein wird.

Eignungsfragebogen

Markieren Sie die für Sie zutreffenden Felder. Denken Sie nicht lange nach, sondern antworten Sie möglichst spontan.

	stimmt genau	stimmt in etwa	stimmt nicht
1. Ich beherrsche die Grundstufe des autogenen Trainings.	( )	( )	( )
2. Ich beherrsche die Aufbaustufe des autogenen Trainings.	( )	( )	( )
3. Ich beherrsche ein anderes Entspannungsverfahren.	( )	( )	( )
4. Ich habe Erfahrungen mit Yoga, Zen-Meditation od. Kontemplation.	( )	( )	( )
5. Ich habe Erfahrungen mit Feldenkrais, Katathymem Bilderleben o.ä.	( )	( )	( )
6. Ich kann mir gut etwas bildhaft vorstellen.	( )	( )	( )
7. Ich kann mich gut in etwas hineinfühlen.	( )	( )	( )
8. Ich kann mich gut in ein Thema vertiefen.	( )	( )	( )
9. Ich suche nach neuen Orientierungen.	( )	( )	( )
10. Ich möchte mehr über meine Person erfahren.	( )	( )	( )
11. Ich möchte mehr über mein Dasein erfahren.	( )	( )	( )
12. Ich bin bereit für Einsichten in höheres Sein.	( )	( )	( )

Einstufung des Ergebnisses

Die Aussagen in diesem Fragebogen zeigen Ihnen, in welchem Ausmaß das Rüstzeug für Ihre autogene Meditation bereits vorhanden ist. Wenn Sie bei der Mehrzahl der Aussagen Defizite feststellen, sollten Sie überlegen, auf welche Weise Sie die Eingangsvoraussetzungen für die Meditation verbessern können. Sie könnten zunächst Ihre Entspannungsübungen intensivieren. Sollten Sie in der Oberstufenarbeit auf neue Schwierigkeiten stoßen, finden Sie vielleicht in den Aussagen des Fragebogens die Gründe dafür. Nehmen Sie die Gründe ernst und kümmern Sie sich um den Ausgleich.

Wer möchte, hat nun Gelegenheit, mit einem Zahlenwert seine Eignung abzuschätzen. Addieren Sie für jedes »stimmt genau« eine 2, für jedes »stimmt in etwa« eine 1, »stimmt nicht« erhält keinen Punkt.

Auswertung

Unter 6 Punkten:
Die Voraussetzungen zum Erlernen der Oberstufe des autogenen Trainings sind derzeit ungünstig. Sie sollten zunächst ein Entspannungsverfahren erlernen und dann erneut überprüfen, ob sich die Voraussetzungen für meditative Übungen verbessert haben.

Ab 6 Punkten:
Bei Ihnen liegen gute Voraussetzungen für die Beschäftigung mit der Oberstufe des autogenen Trainings vor. Da Sie Trainingserfahrungen mitunter als unbefriedigend erleben bzw. als Rückschlag interpretieren, denken Sie daran, Rückschritte oder Stagnation nicht als Rückschläge, sondern als Wegmarken auf Ihrem Meditationsweg zu betrachten.

Ab 12 Punkten:
Sie haben bereits gute meditative Grundlagen. Daher liegen bei Ihnen beste Voraussetzungen für eine Weiterentwicklung in der autogenen Meditation vor. Sie haben die Möglichkeit, vom physischen Erkenntnisweg zum metaphysischen Einsichtsweg voranzuschreiten.

Übungsgestaltung

Wie Sie wissen, lassen sich Gelassenheit, Harmonie, Erkenntnisse über das physische Sein und Einsichten in die metaphysischen Bereiche nicht erzwingen. Sich versenken und geschehen lassen lautet die Devise. Das bedeutet jedoch nicht, ohne weiteres Engagement einfach abzuwarten, ob etwas geschieht. Neue Wege sind oft ungeebnet und steinig. Hier gilt es zunächst, die Gangbarkeit des Weges zu verbessern, ihn zu verbreitern oder Steine aus dem Weg zu räumen. Um Sie bei der Wegbereitung zu unterstützen, folgen nun Hinweise zur Vorbereitung und praktischen Gestaltung Ihrer meditativen Übungen.

Wahrscheinlich werden sich während der Übungen Ablenkungen und Konzentrationsschwierigkeiten bemerkbar machen. Um diese so weit wie möglich zu reduzieren, sollten Sie parallel zur autogenen Meditation Ihr Entspannungstraining weiter intensivieren. Für die Übungen selbst ist es sehr vorteilhaft, einen Raum zu wählen, in dem Sie Ihre meditativen Übungen möglichst ungestört durchführen können. Am besten vereinbaren Sie mit Ihren Mitbewohnern eine bestimmte Zeit, in der Störungen von Ihnen ferngehalten werden. Ein Schild mit der Aufschrift »Meditationsraum«, das Sie an die Türklinke hängen, wird seine Wirkung nicht verfehlen. Sie können Meditation auch in der Natur durchführen. Dort ist eine ruhige Umgebung genauso zweckmäßig wie innerhalb eines Hauses. Naturgeräusche wie leichter Wind, Blätterraschaln oder Vogelgesang können die Meditation vertiefen. Wenn sanfte Naturgeräusche Ihr Versenkungsgefühl positiv beeinflussen, könnten Sie Vogelgezwitscher oder Meeresbrandung über einen Tonträger in Ihren Meditationsraum einspielen. Eine ruhige Umgebung mit gedämpfter, natürlicher Geräuschkulisse ist jedoch meist vorteilhafter.

● Nach Möglichkeit soll der Meditationsraum nicht mit Einrichtungsgegenständen überladen sein. Wenn Sie während Ihrer Oberstufenübungen die Augen geöffnet halten möchten, benutzen Sie einen weitgehend leeren Raum. Wollen Sie die autogene Meditation bei geschlossenen Augen durchführen, ist ein behaglich eingerichteter, nicht überladener Raum richtig. Die

Temperatur soll angenehm sein. In kühlen Räumen oder im Freien ist eine Decke hilfreich. Die Oberstufenübungen werden Ihnen wahrscheinlich am Abend bzw. nach getaner Arbeit leichter gelingen als kurz nach dem Aufstehen. Experimentieren Sie mit der Tageszeit, und finden Sie die für Sie günstigsten Zeiten. Die besten Voraussetzungen sind gegeben, wenn Sie das Bedürfnis nach autogener Meditation haben. Geben Sie dem Bedürfnis nach! Nichts ist in Ihrem Leben bedeutsamer, als sich in die harmonischen Zusammenhänge des Seins zu vertiefen.

● Die Dauer Ihrer Oberstufenübungen können Sie vor Beginn festlegen, brauchen dies aber nicht zu tun. Eine kurze autogene Meditation dauert etwa 20 Minuten. Die Standardzeit liegt bei 30 bis 40 Minuten. Eine ausgedehnte Meditation geht über 60 Minuten oder länger. Legen Sie möglichst keine Mindest- oder Höchstzeiten für Ihre Meditation fest, sondern gönnen Sie sich genügend Muße. In der Versunkenheit der autogenen Meditation wird das Zeitgefühl relativiert oder sogar aufgehoben. Sie über- oder unterschätzen dann die Dauer Ihrer Meditation.

Fallbeispiel

Eine Lehrerin berichtet:

»Mit der Oberstufe habe ich eine gute Möglichkeit gefunden, mich auf das Entscheidende im Leben zu besinnen. Es gelingt mir zwar nicht immer gleich gut, ich genieße es aber jedes Mal, mich in außergewöhnliche Sphären zu begeben. Auch wenn ich nicht sehr weit komme, ist es ein Gewinn, höhere Bereiche zu erahnen.«

Ein Handelsvertreter schreibt:

»Ich reise sehr viel, so kam ich auf die Idee, das Thema »Reise« als Oberstufenthema zu setzen. Es ist verblüffend, wie unterschiedlich sich das Thema zeigt. Ich sehe mich z. B. im Auto, im Zug oder im Flugzeug, ganz realistisch. Oder ich sehe einen Weg, eine Straße oder einen Schienenstrang. Ist es mir gelungen, tiefer einzutauchen, spüre ich eine bunte Bewegtheit und eine quirlige Lebendigkeit.«

Die einzelnen Übungen sollen Ihren Bedürfnissen entsprechen. Kommen Sie zum Abschluß, wenn Ihnen danach ist. Die abschließende Aktivierung können Sie so durchführen, wie Sie es von Ihrem Entspannungstraining her gewohnt sind. Sie können auch den Anleitungen im Text folgen.

Autogene Meditation ist ein Erkenntnis- und Einsichtsweg, auf dem Ziele bedeutungslos werden. Der Weg ist das Entscheidende, ein endgültiges Ziel existiert nicht. Autogene Meditation ist eine Lebensbegleiterin. Sie können sie täglich, mehrmals wöchentlich oder einmal wöchentlich durchführen. Weniger als einmal wöchentlich sollte es nicht sein; bleiben Sie im Kontakt mit Ihrer Lebensbegleiterin. Wie im alltäglichen Leben, wird der meditative Kontakt das eine Mal weniger deutlich sein und das andere Mal dafür um so intensiver erlebbar.

Übungshaltungen

Für die autogene Meditation können Sie die gleichen Haltungen einnehmen, die Sie von den Entspannungsübungen her gewohnt sind. Sollten Sie den Fersensitz oder den Lotussitz kennen und schätzen, können Sie auch diese Haltungen einnehmen. Die asiatischen Sitzformen sind für den Europäer meist zu ungewohnt, so daß eine lockere Sitzhaltung wie in der Grundstufe des autogenen Trainings eher zu empfehlen ist. Am bequemsten ist die Liegehaltung auf dem Rücken, die jedoch bei vorhandener Müdigkeit oder Schlaffheit leicht zum Einschlafen führt. Sammeln Sie Erfahrungen mit unterschiedlichen Haltungen. Sie werden merken, daß besonders bequeme Haltungen zwar die Entspannung fördern, die Meditationstiefe aber beeinträchtigen. Finden Sie Ihre gesammelte Haltung. Dem Kapitel »Meditation« können Sie weitere Hinweise zu Übungshaltungen entnehmen.

Bildhafte Unterstützung

Da die Oberstufenproduktionen bevorzugt auf der bildhaften Ebene stattfinden, können Sie Ihr Training durch bildliche Angebote unterstützen. Sie können bei geöffneten Augen Gegenstände anschauen oder fixieren, über die Sie meditieren wollen. Sie können mit geöffneten Augen den Blick in Richtung Ihrer

Stirn lenken. Bei geschlossenen Augen können Sie Ihren Blick nach innen in Richtung der Schädeldecke wenden. Bei geschlossenen Augen können Sie sich Bilder oder Vorstellungen vor Ihr inneres Auge führen. Sie können auch wie auf eine weiße Leinwand schauen und Bilder frei entstehen lassen. Erproben Sie diese und andere Ihnen bereits bekannte Anschauungsmöglichkeiten auf ihre Tauglichkeit für Ihre autogene Meditation.

Übungsprotokolle

Während der Oberstufenübungen wird eine Reihe neuer Erfahrungen auftauchen. Versuchen Sie, die Bilder oder Erlebnisse möglichst nicht zu analysieren, sondern lassen Sie die Erlebnisse einfach wirken, spüren Sie ihnen nach, halten Sie die Bilder zeichnerisch oder beschreibend fest und rufen Sie die Wahrnehmungen bei einer Ihrer nächsten Oberstufensitzungen wieder auf.

Mit freien Aufzeichnungen oder Eintragungen in ein Formblatt können Sie Ihr kopfgesteuertes Analysebedürfnis verringern. Führen Sie möglichst regelmäßig das folgende oder ein ähnliches Protokoll:

Arbeitsblatt: Kurzprotokoll zu den Oberstufenübungen

Übungsort	Zeit	Dauer	Bilder	Gedanken	Gefühle
Wohnzimmer	Fr., 18 Uhr	25 Min.	rote Kerze	Wie wirkt die Kerze, wenn sie angezündet ist?	erwartungsvoll
Gartenbank	So., 16 Uhr	20 Min.	Seerose	Wie schön die Natur ist!	Erhabenheitsgefühl, Zugehörigkeitsgefühl
...					
...					
...					

Ihre Aufzeichnungen können Sie zu vergleichender Nachbetrachtung und zu weiteren Meditationen anregen: Welche Meditationsorte suche ich am häufigsten auf? Spielen Zeit und Ort bezüglich der Gefühle und der Meditationstiefe eine Rolle? Welche Veränderungen stelle ich im Vergleich verschiedener Protokolle fest?

Sollten sich unerwartete Schwierigkeiten während Ihrer Oberstufenübungen bzw. unüberbrückbare Behinderungen Ihrer Übungsfortschritte zeigen, lesen Sie bitte noch einmal dieses Kapitel, oder konsultieren Sie einen Psychologen oder Arzt, der die Oberstufe des autogenen Trainings lehrt. Wenn Sie bereits Meditationserfahrungen haben, besprechen Sie sich mit Ihrem Meditationslehrer oder besuchen Sie einen Kursus. Kurse bieten Volkshochschulen und andere Bildungseinrichtungen an. Adressen von Diplom-Psychologen, die die Oberstufe des autogenen Trainings lehren, nennt Ihnen die Psychologische Fachgruppe für Autogenes Training und Progressive Relaxation (Adresse s. Seite 14).

Weltanschauliche Basis

Die tiefenpsychologisch orientierte Oberstufe und die transpersonal orientierte Oberstufe sind beide autogen und meditativ ausgerichtet, aber theoretisch unterschiedlich begründet. Ihre Durchlässigkeit und Verbindung finden sie in der autogenen Meditation.

Obwohl beide Orientierungen auf unterschiedlichen Weltanschauungen basieren, die sich gegenseitig ausschließen, fallen die Unvereinbarkeiten der Prämissen während der Meditation kaum ins Gewicht. Es ist allerdings wichtig, daß überhaupt eine Orientierungsbasis vorhanden ist. Besinnen Sie sich daher auf Ihre weltanschaulichen Grundlagen, um auf einer für Sie sicheren Basis autogene Meditation durchführen zu können. Da auch die tiefenpsychologisch orientierte Oberstufe meditative Mittel verwendet, die teilweise gut zur Einleitung der Versenkungsmeditation geeignet sind, finden auch diese in der autogenen Meditation Verwendung.

Versenkung Die Übenden vertiefen sich in ein bestimmtes Thema. Sich vertiefen heißt, sich tiefgehend mit etwas zu beschäftigen, wie es intensiv Lernende, Arbeitende und Liebende tun; trotzdem wird man deren Verhalten nicht als autogene Meditation bezeichnen. Welche Qualität der Versenkung ist also gemeint? Das spezifische bei der transpersonal orientierten autogenen Oberstufe besteht darin, daß die Übenden sich grundlegend mit Lebensfragen und ihrem eigenen Wesen befassen, mit ihren persönlichen Eigenarten; sie suchen nach Erkenntnissen über ihr Sein und nach Bewußtseinserweiterung. In der tiefenpsychologisch orientierten Oberstufe öffnen sich die Meditierenden für spirituelle Tiefenerfahrungen. Sie erwarten neben Erkenntnissen über ihr irdisches Sein auch Einsichten in ihr transpersonales Sein. Eine Zusammenstellung der Ziele der tiefenpsychologischen und der transpersonalen Oberstufe zeigt die Tabelle 2 auf Seite 55 f. In der autogenen Meditation stehen verschiedene philosophische und religiöse Systeme zur Verfügung, die im Kapitel »Meditation« kurz beleuchtet wurden.

Von der physischen zur metaphysischen Ebene

Die meditativen Übungen können Sie auf der materiellen Ebene mit physischem Ansatz wie bei den autogenen Grundübungen beginnen. Sie befinden sich auf der psychophysischen Ebene, die wahrscheinlich Ihrer bisherigen Weltanschauung entspricht. Sobald Sie auf dieser Ebene psychoanalytische Erklärungen für Ihre Erlebnisse heranziehen, befinden Sie sich auf der durch diese Theorie bzw. Therapie beschränkten psychophysischen Stufe der Psychoanalyse. Bei transpersonaler Offenheit können Sie die theoretischen Grenzen überschreiten. Wie Sie wissen, geht das nicht mit Willensanstrengung, sondern mit erwartungsfreier Innenschau und Geschehen-Lassen. Die metaphysischen Einsichten geschehen in meditativer Einstimmung wie von selbst.

Autogene Farbmeditation

Die Oberstufe beginnt mit der Farbmeditation, weil der Umgang mit Farben für die Übenden der leichteste Einstieg in die Meditation ist. Farben regen den optischen Sinn an, der aus Gewohnheit mehr als andere Sinne genutzt wird. Gewohnheiten sind eingeübte Verhaltensweisen. Das Vertrautsein mit Farbensehen erleichtert die meditative Beschäftigung mit Farben; Sie befinden sich auf gewohnten Pfaden. Gewohnheiten fördern auf der anderen Seite stereotype Sichtweisen und können zu starren Festlegungen führen.

Farberfahrungen Sie haben gelernt, Rot als Haltesignal zu interpretieren. Wenn Sie sich oft und intensiv in das Ampelrot vertiefen, wird sich die Bedeutung der Farbe Rot als Haltesignal in Ihnen festsetzen. Es wird Ihnen dann schwerer fallen, Rot z. B. als Farbe der Liebe zu sehen. Verfestigte Bedeutungen behindern flexible Sichtweisen und verhindern neue Erfahrungen.

Farben haben jedoch den Vorteil, meist unvoreingenommener und in ihrer Bedeutung weniger festgelegt vor Augen treten zu können als Gegenstände oder Personen. Vermeintlich wohlbekannte Personen sind vielfach mit Erinnerungen, Vorurteilen und Fehlinterpretationen behaftet.

Falls in Ihrer Lebensgeschichte Farben starre Bedeutungen erlangt haben, dann beginnen Sie die Oberstufenübungen nicht mit den erinnerungsbehafteten Farben. Sie können ebenso mit der Betrachtung geometrischer Formen beginnen oder sich von ruhiger Musik beflügeln lassen. Farben und Formen kennen Sie bereits als Begleitwahrnehmungen der autogenen Grundübungen. Sie haben die Möglichkeit, sich daran zu erinnern, sich in das damalige Erleben hineinzuversetzen und die Oberstufenübungen damit einzuleiten. Sie können auch entspannende Bilder wie eine grüne Wiese oder Wolkenformationen nutzen, die Sie vielleicht als Begleiterscheinungen während der Grundübungen kennengelernt haben. Wenn Sie das Gefühl von Leichtigkeit von der Grundstufe her kennen, können Sie sich auch in dieses Gefühl zurückversetzen und es als Einleitung für die Oberstufe wählen.

Einstieg in die Farbmeditation

Zur Einstimmung auf die autogene Meditation stellen Sie sich auf die Grundübungen des autogenen Trainings oder auf andere Ihnen bekannte Entspannungsübungen ein. Mit körperlich-seelischer Entspannung ebnen Sie den Weg in die meditative Oberstufe.

Zur Beachtung

Die nun folgenden optisch hervorgehobenen Texte sind die Übungsanleitungen, die Sie zunächst durchlesen, sich merken und dann in die Tat umsetzen können. Für manche mag es hilfreicher sein, die Texte selbst auf einen Zettel zu schreiben oder auf Tonband zu sprechen. Worte, die Ihnen fremd erscheinen, können Sie durch eigene Worte ersetzen. Drei Punkte in den Anleitungstexten bedeuten: Wiederholen Sie die Anleitungen langsam und monoton; vertiefen Sie sich in den Inhalt; lassen Sie sich Zeit, damit sich die Vorstellungen und Wahrnehmungen behutsam entwickeln können.

Für die Grundübungen können etwa fünf Minuten ausreichen. Die meditativen Übungen nehmen gut und gerne 20 bis 30 Minuten oder mehr in Anspruch.

Zum Abschluß der Übungen führen Sie die Aktivierung wie in der Grundstufe durch. Sie können auch langsam von zehn bis eins zählen und bei jedem Schritt mehr auf das Hier und Jetzt umschalten oder die im jeweiligen Anleitungstext beschriebenen Umschaltungen nutzen.

Nun können Sie mit Ihrer ersten Farbmeditation beginnen.

Übung

Farbmeditation

Einleitung

Ich nehme eine entspannte Haltung im Sitzen oder Liegen ein ...
Ich räkele mich und experimentiere ein wenig mit der Haltung ...
Ich genieße die schließlich gefundene Haltung ...
Ich richte meinen Blick in Stirnrichtung nach oben ...
Wenn die Augen ermüden, schließe ich sie ...
Ich stelle mich auf einige Grundübungen des autogenen
Trainings ein ...
Meine Arme und Beine sind ganz schwer ...
Meine Arme und Beine sind angenehm warm ...
Meine Atmung ist ganz ruhig ...
Mein Herz schlägt ruhig und gleichmäßig ...
Mein Sonnengeflecht ist ruhig und strömend warm ...
Mein Schulter-Nacken-Feld ist ganz ruhig, schwer und warm ...
Meine Stirn ist angenehm kühl ...
Ich bin ganz ruhig ...

Autogene Farbmeditation

Vor meinem inneren Auge entwickelt sich eine Farbe ...
Vor meinem inneren Auge entwickelt sich eine Farbe,
die Farbe wird deutlicher ...
Ich sehe die Farbe ...
Ich begreife die Farbe ...
In meinem Inneren erlebe ich die Farbe ...
Ich bin durchströmt von der Farbe ...
Ich spüre die Farbe ...
Ich sehe ..., spüre ..., begreife die Farbe ...

Ausklang

Die Farbe tritt in den Hintergrund, wird undeutlicher ...
Sie verschwimmt, verschwindet ...
Ich komme zurück zum Hier und Jetzt ...
Ich bin dankbar für die gemachten Erfahrungen.
Ich aktiviere die Muskeln wie gewohnt.

Wie ist es Ihnen ergangen? Schreiben Sie jetzt Ihre Wahrnehmungen und Erlebnisse auf. Das kann in Stichworten erfolgen. Lesen Sie anschließend Ihre Aufzeichnungen, und vergleichen Sie diese später mit älteren und neueren Notizen. Bereits das bloße Protokollieren und Lesen hilft, sich das Erlebte bewußter zu machen.

● Die folgenden Fragen können Sie als Anhaltspunkte für Ihre Aufzeichnungen nutzen: Waren die Umgebungsbedingungen und die Übungshaltungen günstig, oder läßt sich da etwas verbessern? Auf welche Grundübungen konnten Sie sich am besten einstellen? Konnten Sie eine Farbe sehen? Welche Leitsätze bzw. Formulierungen haben sich als besonders hilfreich erwiesen? Konnten Sie die Farben auch spüren? Wie fühlten sie sich an? Hatten Sie eventuell eine Geruchs- oder Geschmacksrichtung? Haben Sie versucht, die Farben zu begreifen – mit den Händen, mit dem Geist oder mit dem Gefühl?

Die folgende Liste soll Sie bei der Reflexion Ihrer Wahrnehmungen unterstützen.

Protokoll zur Farbmeditation

Meine Aufzeichnungen zur autogenen Farbmeditation	ja/nein	Welche Farbe zeigte sich?	Welche Gefühle zeigten sich?
Ist es mir gelungen, mich bei der 1. Übung auf die Grundformeln des AT einzustellen? bei der 2. Übung? bei der 3. Übung?			
Konnte ich bei der 1. Übung Farben sehen? 2. Übung? 3. Übung?			

Konnte ich bei der 1. Übung Farben spüren? 2. Übung? 3. Übung?			
Gab es Formulierungen, die bei der 1. Übung besonders hilfreich waren? 2. Übung? 3. Übung?			

Sie brauchen nicht den Anspruch zu haben, bereits auf jede Frage umfassend antworten zu können. Die Fragen sollen Ihnen zum einen helfen, das Erlebte zu reflektieren; zum anderen sollen Ihnen die Fragen Hinweise geben, worauf Sie bei der nächsten Übung Ihr Augenmerk besonders richten können.

Formulierungen   Falls Sie auf eine originelle Formulierung bei der Übungsanleitung erpicht sind, können Sie die Schultzsche Originalanweisung für die »Farbaufgabe« ausprobieren:

»Als Ansatz (haben Sie) zunächst die Aufgabe in tiefgetriebener Versenkung irgendeine gleichförmige Farbe vor dem geistigen Auge erscheinen zu lassen« (Schultz, 1987, S. 231).

Da manche sogar mit solchen Formulierungen zum gewünschten Ziel kommen, läßt sich der Schluß ziehen, daß die Formulierung individuell passen soll und Experimentieren kein Fehler ist. Im Anleitungstext finden Sie deshalb unterschiedliche, leicht voneinander abweichende Wendungen zum Farbaufruf. Benutzen Sie die Formulierungen, die Ihnen besonders passend erscheinen.

Tastsinn
Bei der ersten Farbübung wurde neben dem Sehsinn auch der Tastsinn angesprochen. Zum Tastsinn gehört in der Naturwissenschaft das körperliche Empfinden. Da die Naturwissenschaft, auf die sich auch die tiefenpsychologisch orientierte Oberstufe beruft, keinen Gefühlssinn kennt, soll das seelische Fühlen dem Tast- bzw. Fühlsinn zugeordnet werden.

Bei allen Erlebnissen sind alle Sinne beteiligt, natürlich in unterschiedlicher Ausprägung. Je mehr unterschiedliche Sinnesbeteiligungen sich bemerkbar machen, um so deutlicher erscheint Ihnen der Gegenstand der Betrachtung, um so mehr begreifen Sie sein Wesen. Hier begegnen Sie dem wesentlichen Ziel von Meditation: das Wesenhafte begreifen. Der synästhetische Weg, das ist der Weg, der verschiedene Sinne gleichzeitig aktiviert, ist der ganzheitliche Weg zum Wesen der Dinge.

Farbsinn

Auf Farben bezogen heißt das, dem Wesen und der Bedeutung einer Farbe durch gleichzeitiges Sehen, Spüren, Riechen und Hören näherzukommen. Das mag Ihnen auf den ersten Blick fremd erscheinen; so unbekannt sind Ihnen diese Phänomene jedoch nicht. Erinnern Sie sich, wie Sie neulich von Farbtönen oder von Klangfarben gesprochen haben? Einen Ihnen vorschwebenden Farbton können Sie nur bedingt in einer Farbpalette finden. Manche Qualitäten von Farben existieren nur in Ihrer Erlebniswelt. Die Klangfarben von Musikstücken erkennen Sie erst, wenn Sie die Musik in Ihr Inneres aufnehmen. Wirksam sind die Klangfarben bereits beim bloßen Hören. Sie beeinflussen Ihre Stimmungslage und sogar die innere und äußere Motorik.

Erleben einer frei auftauchenden Farbe

Falls Ihnen die vorausgegangene Übung Mut gemacht hat oder Sie durch die zusätzlichen Erläuterungen neugierig geworden sind, in das Farberleben einzutauchen, können Sie sich nach den vorbereitenden Entspannungsübungen erneut auf eine Farbe einstellen und sich in weitere Sinnesbereiche hineinfühlen.

Übung

Farbmeditation

Einleitung

Ich nehme eine lockere Haltung ein …
Ich beginne mit meinen Entspannungsübungen …
Ich wiederhole Elemente der vorherigen Meditation …

Autogene Farbmeditation

Vor meinem inneren Auge entwickelt sich eine Farbe …
Ich sehe die Farbe …
Ich erlebe die Farbe …
In mir erlebe ich die Farbe …
Ich spüre das Leuchten der Farbe …
Ich höre den Klang der Farbe …
Ich erlebe den Klang der Farbe …
Ich rieche den Duft der Farbe …
Ich erlebe den Duft der Farbe …
Ich schmecke die Würze der Farbe …
Ich erlebe die Würze der Farbe …
Ich bin in der Farbe …
Ich bin eins mit der Farbe …
Ich bin Farbe …

Ausklang

Ich lasse die Farbwahrnehmungen zurücktreten …
Ich schalte um auf das Hier und Jetzt …
Ich führe meine gewohnte Aktivierung durch.

Dies sind Möglichkeiten, dem Wesen von Farben näherzukommen. Gleichzeitig lernen Sie Ihr eigenes Wesen in Farbgestalt kennen. Das kann ausgesprochen beeindruckend sein.

Erleben einer bestimmten Farbe

Sie haben bisher eine Farbe frei entstehen lassen. Sie können auch eine bestimmte Farbe wählen, sie vor dem inneren Auge aufrufen, ihr Geschmack abgewinnen oder sie zum Tönen bringen.

Es kann sein, daß keine einheitliche Farbe, keine »Eintonfarbe« erscheint, sondern ein Silber-in-Grau entsteht oder mehrere Farben gleichzeitig auftauchen und das Ganze sich in Bewegung befindet. Das ist in Ordnung. Schauen und Erleben geben die Blickrichtung, die Einfalt oder die Vielfalt des Geschauten vor. Es geht nicht um die Erfüllung bestimmter Aufgaben; schauen und erleben Sie das jeweils Auftauchende.

Die Farben können sich auch verändern. Aus einem anfänglichen Rot kann z. B. ein Violett werden oder zum vorhandenen Braungelb gesellt sich ein Blaugrün. Vielleicht sind die Farben auch mit Gegenständen, die zusätzlich auftauchen können, verbunden. Schauen Sie einfach hin! Eine spezielle Anleitung zur Meditation mit der Farbe Grün folgt etwas später. Erläuterungen zu Formen und Gegenständen, die gemeinsam mit den Farben auftauchen können, folgen im nächsten Kapitel.

Meditation zur Eigenfarbe

Eine Farbe, die häufiger erscheint und eine gewisse Anziehungskraft auf Sie ausübt, ist etwas Besonderes. Sie ist entweder Ihre momentane Lieblingsfarbe oder Ihre sogenannte Eigenfarbe. Beide sind nur identisch, wenn Ihre augenblickliche Lieblingsfarbe mit der wiederholt in der Versenkung erlebten Farbe übereinstimmt. Meist sind sie nicht identisch. Lieblingsfarben unterliegen äußeren Einflüssen wie Modetrends oder besonders angenehmen Erfahrungen, bei denen Farben eine Rolle spielten. Die Eigenfarbe hingegen gehört zur Persönlichkeit. Sie ist relativ überdauernd und nur schwer veränderbar. Sie zeigt das Wesen der Person auf der Farbebene. Die Eigenfarbe ist den wenigsten bekannt, da tiefgreifendes Farberleben den meisten fremd ist. Sie erkennen Ihre Eigenfarbe, wenn in der autogenen Meditation wiederholt die gleiche Farbe auftaucht, ohne Beiwerk

z. B. eines Gegenstandes zu sein. Wenn Sie aus tiefer Seele heraus sagen können, »diese Farbe gehört zu mir; sie ist Bestandteil meines Selbst«, spricht dies für die Offenbarung der Eigenfarbe. Die Stellungnahme »Rot steht mir, ich bevorzuge Rot bzw. ich mag Rot« bezeichnet eher die Lieblingsfarbe. Eine Farbe haben bzw. eine zu besitzen, schmeckt nach Lieblingsfarbe. In eine Farbe eingetaucht sein bzw. Farbe zu *sein,* fühlt sich nach Eigenfarbe an.

Farbenlehre

Johann Wolfgang von Goethe, der sich intensiv der Farbenlehre widmete und sich mit den Wahrnehmungen von Farben beschäftigte, ging davon aus, daß wir nur deswegen Farben sehen können, weil ihre Qualitäten in uns existieren: »Das Licht ist da, und die Farben umgeben uns; allein, trügen wir kein Licht und keine Farben in unserem Auge, so würden wir auch außer uns dergleichen nicht wahrnehmen« (Gespräch von Goethe mit Eckermann, 1824). Das ist eine bemerkenswerte, der Naturwissenschaft fremde Überlegung. Letztere sagt, ein grünes Blatt beinhaltet alle Farben außer grün; es erscheint grün, weil gerade diese Farbe des Farbspektrums vom Blatt nicht absorbiert wurde. Ist demnach Farbensehen eine Täuschung? Das wäre eine zu oberflächliche Sicht auf der Verstandesebene. Es ist jedoch müßig, dieser Frage weiter mit dem Verstand nachzugehen, weil für die innere Wirklichkeit analysierende Überlegungen keine Bedeutung haben. Für wesenhaftes Verstehen und Erkennen ist die innere Wirklichkeit die Basis.

So lernen Sie Ihre Eigenfarbe kennen

Wenn Sie jetzt beginnen, sich auf Ihre Eigenfarbe einzustellen, suchen und bewerten Sie nicht, sondern lassen Sie einfach das Gesehene, auch Farbveränderungen, zu. Auf diese Weise kommen Sie Ihrer inneren Wirklichkeit näher.

Übung

Eigenfarbmeditation

Einleitung

Ich suche einen ruhigen Raum auf …
Ich beginne mit meinen Entspannungsübungen …
Ich wiederhole Teile der vorherigen Meditation …

Einstellung auf die Eigenfarbe

Vor meinem inneren Auge entwickelt sich meine Farbe …
Die zu mir gehörende Farbe entwickelt sich …
Ich sehe meine Farbe …
In mir sehe ich meine Farbe …
In mir erlebe ich meine Farbe …
Ich tauche in meine Farbe ein …
Meine Farbe breitet sich in mir aus …
Meine Farbe durchströmt mich …
Meine Farbe erfüllt mich …
Meine Farbe ist Bestandteil meines Selbst …
Meine Farbe bin ich …
Ich bin meine Farbe …

Ausklang

Ich lasse die Farben schwächer werden …
Ich komme zurück zum Hier und Jetzt …
Ich aktiviere wie gewohnt.

Haben Sie Ihre Eigenfarbe bereits erfahren können? Dann dürf-
ten Sie sich sehr zufrieden fühlen. Zweifeln Sie? Dann werden
Sie sich eher unzufrieden fühlen. Haben Leistungsdenken und
Ehrgeiz Ihre Betrachtung behindert? Das wäre anfänglich nicht
verwunderlich. Wiederholte Einstellungen auf Farben und die
Eigenfarbe werden Ihnen mehr Gewißheit bringen. Das Wahrnehmen und Erleben der Eigenfarbe führt Sie an die Wurzeln
Ihrer Persönlichkeit, bereinigt Farbwidersprüche im Denken
und Fühlen und fördert die synästhetische Einheit der Person.

Farbbedeutungen

Plötzlich auftauchende Spontanfarben hingegen stammen entweder aus aktivierter Erinnerung oder zeigen momentane Stimmungen. Mit bewußt aufgerufenen und vorgestellten Farben ist es umgekehrt möglich, Stimmungen auszudrücken oder sogar zu verändern. So fördert die Einstellung auf ein dunkleres Blau oder Grün die Entspannung. Das Erleben von Rot und Gelb hingegen fördert die Aktivierung.

Als Sie sich mit den Chakren beschäftigten (vgl. Tabelle 1, S. 48), haben Sie sich vielleicht über die dort genannten Farbzuordnungen gewundert. Farben spiegeln persönliche Wesenheiten. Das Wesen eines Menschen ist auch soziokulturell geprägt, wie die Unterschiede der asiatischen und europäischen Einstellungen zum Leben zeigen. Farbbedeutungen sind kulturell beeinflußt, im Selbst gewachsen und individuell verschieden.

Der Lüscher-Farbtest   M. Lüscher hat bei der Erarbeitung seines Farbtests Farbbedeutungen zusammengetragen, die für die Mehrzahl der untersuchten Personen zutreffen. In seinem Buch »Der Lüscher-Test« (Reinbek, 1974) hat er die Ergebnisse mitgeteilt. Man kann den Lüscher-Test als zu wenig wissenschaftlich kritisieren. Dem Autor ist es aber gelungen, aufgrund seiner praktischen Arbeit mit dem Farbtest Bedeutungen zusammenzutragen, die für den westlichen Menschen eher zutreffen, als die aus dem Osten stammenden Beschreibungen. Die folgende Aufstellung lehnt sich an die Festlegungen von Lüscher an. Beachten Sie, daß es keine allgemeingültigen Bedeutungen gibt. Verwenden Sie die Beschreibungsbegriffe als Hinweise für eine mögliche Bedeutungsrichtung, und spüren Sie in sich selbst nach, ob die Richtung auf Sie zutrifft.

Lüscher läßt bei der Farbtestung eine individuelle Sympathierangfolge der Farben bilden. Er bezeichnet die Farbbedeutungen der zuerst gewählten Farben als gewünschte Inhalte, die mittleren Wahlen entsprechen dem augenblicklichen oder überdauernden Erleben, die zuletzt gewählten Farben gelten als abgelehnte Inhalte. Dem Gefühl der Entspannung entspräche demnach die mittlere Wahl der Farben Grün – Blau – Violett. In der

autogenen Meditation können auch die übrigen Farben in die
Mitte treten.

Farbbezüge

Farben, die für Sie bedeutsam sind, können Sie probeweise mit
den in der Liste aufgeführten Bedeutungen verbinden und nachspüren, ob die Verbindungen für Sie stimmig sind.

● **Tabelle 3: Farben und ihre Bedeutungen**

Farbe	Bezug	Bedeutung	Wirkung
Blau (warmes Dunkelblau)	Tiefe Unendlichkeit Frieden	Ruhe Zufriedenheit Verbundenheit	entspannend heilend sanft
Grün (mit Blau- tönung)	Natur Frühling Festigkeit	Ausdauer Hoffnung Spannkraft	belebend selbstbehauptend sichernd
Rot (mit Gelb- aufhellung)	Feuer Aktivität Sexualität	vitale Kraft Erregung Liebe	anregend begeisternd offensiv
Gelb (Hellgelb)	Licht Leben Weite	Wachheit Offenheit Heiterkeit	hoffend öffnend befreiend
Violett (zwischen Rot und Blau)	Spiritualität Wahrheit Schöpfung	Sensibilität Demut Synthesewunsch	faszinierend hingebend beeinflussend
Braun (zwischen Gelb und Rot)	Erde Schutz Demut	Energierückzug Erschöpfung gebrochenes Rot	geborgen betäubend zurückziehend
Grau	Grenzbereich Leblosigkeit	Übergang Abschirmung	indifferent ermüdend
Schwarz	Nacht Grenze	Leere Verzicht	abwehrend verneinend
Weiß	Erleuchtung Freiheit	Makellosigkeit Vollkommenheit	reinigend erhebend

Spüren Sie, daß bei Ihnen z. B. die Farbe Blau für Frieden, Bindung oder Zärtlichkeit steht, können Sie bei Ihrer nächsten Meditationsübung zu dieser Farbe die in der Liste genannten Bezüge, die Bedeutungen oder die Wirkungen aufrufen. Sie können auch mit einem Bezugs-, Bedeutungs- oder Wirkungsbegriff beginnen und dazu eine Farbe entstehen lassen. Ob Sie dabei Einklang erleben oder ob sich neue Zusammenhänge eröffnen, zeigt Ihnen Ihre autogene Meditation.

Mißverstehen Sie die Farbbedeutungen nicht als dogmatische Festlegungen. Die Liste beinhaltet mögliche Bedeutungen, die von verschiedenen Faktoren beeinflußt sind. Benutzen Sie sie daher als Anregung für Ihre Oberstufenübungen. Seien Sie neugierig auf die für Sie zutreffenden Bedeutungen der Farben.

Meditation zu einer bestimmten Farbe

Wählen Sie eine Farbe, z. B. ein sattes Grün mit dem Bezug »Natur« und der Bedeutung »Spannkraft« für Ihre nächste Oberstufenübung.

Übung

Meditation zu einer bestimmten Farbe

Einleitung

Ich nehme eine lockere Haltung ein ...
Ich beginne mit meinen Entspannungsübungen ...
Ich wiederhole einige bereits bekannte Meditationen ...

Autogene Farbmeditation

Vor meinem inneren Auge entwickelt sich eine Farbe, ich sehe die Farbe Grün ...
Vor meinem inneren Auge entwickelt sich eine Farbe, ich erlebe die Farbe Grün ...
Vor meinem inneren Auge entwickelt sich eine Farbe, ich spüre die Farbe Grün ...
Vor meinem inneren Auge entwickelt sich ein Bild, ich nehme das grüntonige Bild wahr ...

Vor meinem inneren Auge erlebe ich »Natur«, ich spüre Natur …
Vor meinem inneren Auge erlebe ich »Spannkraft«, ich spüre
Spannkraft …

Ausklang

Die Farben und Bilder treten in den Hintergrund …
Ich kehre zurück zum Hier und Jetzt …
Ich aktiviere die Muskeln wie gewohnt.

Wie ist es Ihnen dieses Mal ergangen? Tauchte die Farbe auf, die
Sie sich wünschten? Oder war eine andere Farbe dominanter
bzw. wichtiger? Wie fühlte sich die Farbe an? War sie hart oder
weich? Welche Vorstellung tauchte auf? Entstand ein Naturbild? Entstand das Bild auf Ihrem Farbhintergrund, oder war das
Bild hinter der Farbe zu sehen, oder spielte die Farbe keine Rolle? Wie haben Sie »Spannkraft« gesehen oder erlebt? Zeigte sie
sich als Bild oder als Gefühl oder gar nicht?

● Jede Wahrnehmung ist in Ordnung. Das Schöne in der Oberstufenarbeit ist, daß Sie keine Fehler machen können. Jedes Erleben gehört zu Ihnen, ist Bestandteil Ihres Selbst. Ob es ein
struktureller oder situativer Bestandteil ist, werden Sie nach
einiger Übung unterscheiden lernen. Wichtig ist, daß jede meditative Erfahrung Anteile Ihres Selbst spiegelt. Sie werden die
Äußerungen Ihres Selbst und Ihres höheren Selbst oft nicht mit
dem Verstand begreifen. Das ist auch nicht entscheidend. In der
Meditation geht es meist nicht um die beschränkten Verstandesmöglichkeiten, sondern um bewertungsfreie Einsichten in das
metaphysische Sein.

Einsatz des Verstandes

Solange Sie noch das Bedürfnis haben, Wahrnehmungen geistig
einzuordnen: tun Sie es! Es hat keinen Zweck, sich dagegen zu
wehren. Es spricht nichts dagegen, die Verstandesmöglichkeiten
so weit zu nutzen, wie sie tragen. Irgendwann erkennen Sie,
daß die Verstandesgrenzen erreicht sind. Dann bietet sich der
metaphysische Einsichtsweg wie von selbst an. Bis Sie soweit
gekommen sind, können Sie Ihre Verstandeskräfte gebrauchen,
um zu erkennen, was der Erkenntnis zugänglich ist.

Farben zu Papier bringen

Eine ausgezeichnete Möglichkeit, dem Verständnis von Farben und Farbgebilden näherzukommen, eröffnet sich im zeichnerischen Festhalten der gesehenen Farben und Formen. Es folgen nun die Erlebnisse und die dazugehörigen Zeichnungen eines Meditierenden. Die hier in Schwarz-weiß wiedergegebenen Abbildungen wurden von einer Grafikerin überarbeitet.

Fallbeispiel

Bedeutung von Farben und Symbolen

Ein 55jähriger Architekt sieht während der autogenen Meditation einen orangeroten, großen Ball, der sich in einem hellblauen Quadrat hin- und herbewegt. Nach kurzer Zeit schiebt sich von oben ein blauschwarzes Dreieck ins Blickfeld. Das vorher mit dem orangeroten Ball verbundene positive Lebensgefühl trübt sich. Der Ball wird nach unten in die Ecke gedrängt. Die Gefühle von Bedrohung und Traurigkeit wechseln einander ab. Dann breitet sich das Blauschwarz aus und versucht, das Orangerot zu überfluten. Das Gefühl der Bedrohung nimmt zu. Das Orangerot wehrt sich gegen die Vereinnahmung, breitet sich seinerseits aus, indem es eine gelbe Hülle annimmt und das Zentrum rot wird. Gleichzeitig öffnet sich das runde Gebilde und breitet sich nach rechts aus. Das Blauschwarz ist in der dritten Zeichnung an den Rand zurückgedrängt. Das Rot und das Gelb dehnen sich über die Begrenzung des Balles und des Rahmens hinweg aus. »Das positive Lebensgefühl überschreitet den ,Rahmen'«, kommentiert der Zeichner.

Abb. 5 a: Bedrohung des positiven Lebensgefühls

Abb. 5 b: Teilweise Öffnung in bedrohlicher Umgebung

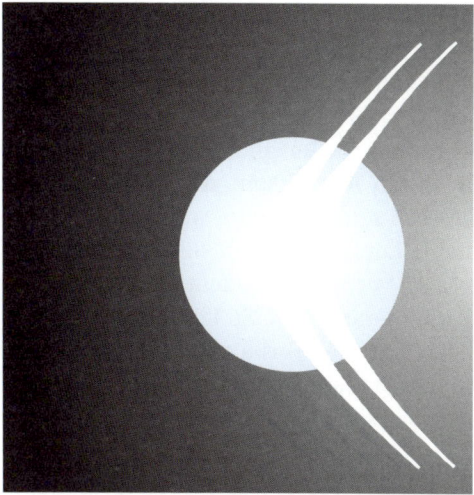

Abb. 5c: Positives Lebensgefühl überschreitet den »Rahmen«

Bei der Bildbetrachtung fallen dem Zeichner die unter den Graphiken aufgeführten Beschreibungen ein. Seine Traurigkeit verbindet er mit dem an die Wand gedrückten »orangeroten Lebensgefühl«. Die Bedrohung geht vom blauschwarzen »Damoklesschwert« aus, das der Zeichner als Fallbeil erlebt (vgl. Abb. 5 a, oben links). Der Architekt verbindet die Bedrohung mit dem Druck in der Firma. Im zweiten Bild erkennt er Befreiungsansätze für seine Vitalität. Er habe sich zu sehr eingeigelt und zu sehr in einen Rahmen pressen lassen. Die Überschreitung des Rahmens in der strahlenförmigen Ausbreitung der Kugel (vgl. Abb. 5 c) eröffnet ihm den Weg zum positiven Lebensgefühl. Auch ohne diese Bedeutungen zu finden, würde das Erleben bei der vertieften Bildbetrachtung in eine ähnliche Richtung führen.

Hilfsvorstellungen

Für alle, denen es noch schwerfällt, sich auf die meditative Stufe einzustellen, folgen jetzt weitere Vorschläge, die den Einstieg in die Oberstufenarbeit und das Voranschreiten in der Meditation erleichtern können.

Das innere Auge können Sie sich beispielsweise als Augenhintergrund verbildlichen. Der Augenhintergrund kann als leeres

Halbrund oder als helle Leinwand auftauchen, auf der sich Ihre Farben oder Vorstellungen abbilden können. Sie können sich das Halbrund als »Farbrückhaltebecken« auf Ihrem Augenhintergrund vorstellen. Das volle Farbbecken können Sie überfließen lassen oder öffnen. Die Farben fließen in alle Bereiche des Leibes und breiten sich in Ihrem Bewußtsein aus. Wenn Sie eine Farbe nicht in Ihrem Inneren sehen können, wenn die Farbe Ihnen quasi gegenübersteht, können Sie den Betrachtungsraum zwischen sich und der Farbe verringern, indem Sie in Ihrer Vorstellung näher an die Farbe herangehen. So können Sie leichter die Grenze zwischen sich und der Farbe verschwimmen und sich auflösen lassen. Bald sind Sie in Ihrer Farbe und die Farbe durchdringt Ihre Person. Sie sind durchströmt von Farbe, Sie *sind* Farbe.

Diese und weitere Hilfsvorstellungen lassen sich nicht nur beim Farberleben einsetzen, sondern sind auch bei den noch folgenden Betrachtungen nützlich.

Zusammenfassung

Die autogene Farbmeditation im Überblick

- Sie können eine vorher nicht festgelegte Farbe, also eine unbestimmte Farbe, frei auftauchen lassen und sich in diese vertiefen.

- Sie können sich auf eine bestimmte, von Ihnen ausgewählte Farbe einstellen oder sie vor dem inneren Auge entstehen lassen.

- Sie können sich auf Ihre Eigenfarbe einstellen.

- Sie können die Bedeutungen von Farben erkunden.

- Sie können den Farbwirkungen nachspüren.

- Sie können Farbwirkungen gezielt nutzen.

Autogene Formmeditation

Der Begriff Form soll alle Gebilde mit begrenzenden Umrissen bezeichnen. Farben können sich auch ohne Begrenzung und ohne Teil eines Gegenstandes zu sein zeigen. Meistens sind Farben mit Formen verbunden. Es gibt geometrische Formen wie Kreis, Quadrat oder Dreieck, die auch als räumliche Gebilde erscheinen können. Komplexere Formen sind Gegenstände, wie Vase, Kerze, Bild oder Bilderrahmen, die oft mit symbolischen Bedeutungen behaftet sind. Naturformen sind Pflanzen, wie Bäume oder Blumen, die die Lebendigkeit des Daseins widerspiegeln können. Als Beispiele seien die Rose, der Lotus, die Tulpe oder die Margerite genannt. Die Erleuchtung Siddharthas soll bei einer Kreismeditation unter einem Bodhibaum geschehen sein.

Jede beliebige Form können Sie als Gegenstand der autogenen Meditation wählen oder frei entstehen lassen. Mit der offenen Einstellung, daß irgendeine Form vor dem inneren Auge erscheint, können Sie autogen, also selbstentstehend, geometrische Formen, Gegenstände oder Pflanzen entstehen lassen. Sie können sich auch auf eine gewünschte Form einstellen, die Sie vor Übungsbeginn festgelegt haben oder die Ihnen während der Übung bedeutsam wird.

Die Bedeutungen der Grundformen

Formen sind noch mehr als Farben mit Erinnerungen verbunden; Gegenstände und Bilder haben im Laufe des Lebens individuelle Bedeutungen bekommen. Die kulturübergreifenden archetypischen Bedeutungen können durch Erlebnisverknüpfungen sogar überdeckt worden sein. Wer den Kreis mit der kreisrunden Uhr bzw. mit Uhrzeit und Zeitnot gekoppelt hat, wird den Kreis schwerlich als Symbol für Einheit und Vollendung erleben können. Auf der anderen Seite wählen Institutionen aus werbepsychologischen Gründen gerne Kreissymbole, um ihre hohe Integrität und Perfektion darzustellen. Wirtschaftsbetriebe stellen ihre Dynamik gerne mit einem Dreieck dar oder symbolisieren ihre Stabilität in einem Quadrat.

Die Grundformen sind grundlegende Symbole, deshalb können
sie so wirkungsvoll von der Werbung genutzt werden. Die drei
Grundformen Kreis, Dreieck und Quadrat lassen sich auch in-
einandergefügt darstellen.

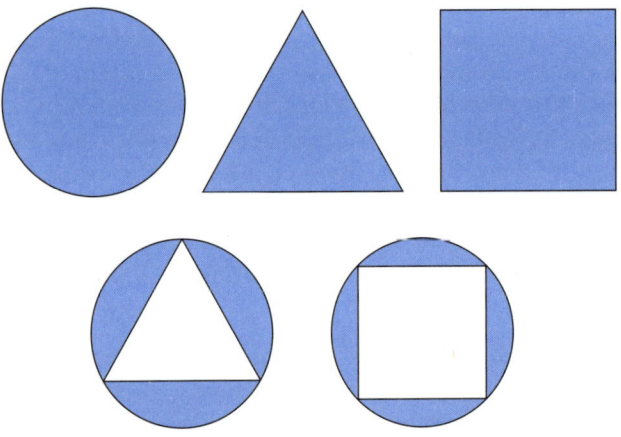

Abbildung 6: Grundformen Kreis, Dreieck und Quadrat

In der miteinander verbundenen Darstellung können sich die Eigenschaften der verschiedenen Formen addieren. Das sanfte Runde kann wie in der vierten Form das Eckige umfassen, oder das
Sanfte verbindet sich mit einer festen Form wie im fünften Bild.

Symmetrische Diagramme, die im wesentlichen aus den drei
Grundformen gebildet sind, nennt man Mandalas. In der Grundbedeutung heißt Mandala »Kreis«. Die vielfach kunstvollen Darstellungen, über die noch zu reden sein wird, bezeichnet man
als Diagramme des Daseins oder als Tore zur Transpersonalität.

Mit diesen Grundinformationen können Sie sich der ersten Meditation über eine sogenannte freie Form zuwenden. Bei einer
freien Formmeditation geben Sie sich keine bestimmte Form
vor. Sie stellen sich jedoch auf die Thematik »Form« ein und
schauen, was sich entwickeln und zeigen mag. Zensieren Sie die
auftauchenden Produkte nicht, egal ob es Formen oder andere
Wahrnehmungen sind. Halten Sie sich an die Regel von Rosa
(1983): *»Alles, was sich einstellt, annehmen.«*

Erleben einer unbestimmten Form

Autogene Formmeditation

Einleitung

Ich suche eine ruhige Umgebung auf …
Ich nehme eine lockere Haltung ein …
Ich stelle mich auf meine Entspannungsübungen ein …
Ich stelle mich auf bereits bekannte Meditationsinhalte ein …

Formmeditation

Vor meinem inneren Auge entwickelt sich eine Form …
In meinem inneren Auge entwickelt sich eine Form …
Die Form wird deutlicher …
Ich sehe die Form …
Ich begreife die Form …
Ich spüre die Form …
Ich erlebe die Form …
In meinem Inneren erlebe ich die Form …
Ich sehe …, begreife …, spüre …, erlebe die Form …

Ausklang

Die Form und die übrigen Wahrnehmungen werden
undeutlicher, treten in den Hintergrund …
Sie verschwimmen und lösen sich auf …
Ich komme zurück zum Hier und Jetzt.

Nachbetrachtung   Hat sich eine Form gezeigt? War es ein Kreis,
ein Dreieck oder ein Quadrat, die vielleicht wie in einem Bild
von Dali oder Vasarely auftauchten? Waren die Formen farbig
oder ohne Farbe? Waren sie zwei- oder dreidimensional? Zeigte
sich der Kreis als Ball, das Dreieck als Pyramide oder das Quadrat als Würfel? Waren die Formen durchsichtig? Zeigten sich
mehrere Formen gleichzeitig oder nacheinander? Waren verschiedene Formen miteinander verbunden? Traten mehrschich-
tige Formen auf?

Die vielen Fragen sollen Ihnen helfen, Ihr Erleben leichter reflektieren zu können. Es ist günstig, sich Notizen zu machen,
die Sie mit späteren Aufzeichnungen vergleichen können. Die
folgende Liste kann Ihnen das Protokollieren erleichtern.

Arbeitsblatt

Meine Aufzeichnungen zur autogenen Formmeditation

	ja/nein	Welche?	Welche Gefühle?
Konnte ich eine Form sehen?			
... eine Form begreifen?			
... eine Form spüren?			
... eine Form erleben?			
War die Form in Bewegung?			
... farbig?			
... mehrdimensional?			
... durchsichtig?			
Waren mehrere Formen gleichzeitig zu sehen?			
... miteinander verbunden?			
Zeigten sich mehrschichtige Formen?			
Erschien mir etwas besonders wichtig?			

Um Ihrem Bedürfnis nach geistiger Einordnung des Erlebten ge-
recht werden zu können, folgt nun eine Aufstellung möglicher
Bedeutungen der Formen.

● **Tabelle 4: Formen und ihre Bedeutungen**

	Kreis	Dreieck	Quadrat
emotional	weich, sanft	kantig, hart	fest, sicher
psychologisch	harmonisch	ambivalent	gleichgewichtig
rational	perfekt	achtend	stabil
philosophisch	vollkommen	erkennend	geschlossen
religiös	Einheit, Vollendung, Erleuchtung	Dreifaltigkeit, göttliches Auge	Annäherung von Irdischem und Himmlischem

Wie in der Farbmeditation können Sie auch zu den Inhalten dieser Liste meditieren. Wenn Sie z. B. mehr über die weibliche Seite in Ihnen erfahren möchten, stellen Sie sich mit dem Gedanken »weiblich« auf einen Kreis ein. Wenn Sie einer »Dynamik« nachspüren wollen, stellen Sie sich mit diesem Begriff auf ein Dreieck ein. Vertiefen Sie sich in das Dreieck, und nehmen Sie den Begriff »Dynamik« in die Formbetrachtung hinein. Spüren Sie, was passiert! Vielleicht gelingt es Ihnen jetzt oder später, sich zusammen mit dem gewählten Begriff ins Dreieck hineinzuspüren, es zu durchschreiten, zu transzendieren.

Erkundung der Eigenform

Vergleichbar der Eigenfarbe, gibt es auch eine Eigenform. Die Eigenform ist die Form, die Ihrem Wesen entspricht. Sind Sie eher ein sanfter oder ein kantiger Typ? Es ist nicht die Frage, ob Sie ein sanfter oder kantiger Typ sein wollen bzw. so erscheinen möchten, die Eigenform gibt Aufschluß über das *Sein.* Da viele Menschen von Wunschvorstellungen, besonders vom Haben-Wollen, geleitet sind, ist zu erwarten, daß zunächst Ihre Wunschform erscheint. Die Wunschform erscheint schneller, wirkt attraktiver, entspricht dem Bild, welches Sie gerne nach außen zeigen möchten. Wenn die Wunschform attraktiver als die Eigenform ist, erscheint die Eigenform zunächst blasser, undeutlicher. Richten Sie Ihre Aufmerksamkeit auf einzelne undeutliche Formen. Vielleicht wird eine dieser Formen Kontur annehmen und deutlicher hervortreten. Diese bestimmte Form, zu der Sie sich in der Versenkung hingezogen fühlen, ist Ihre Eigenform.

In der Natur finden Sie die drei Grundformen Kreis, Dreieck und Quadrat selten in reiner Ausprägung. Meist handelt es sich um Abwandlungen der Grundformen bzw. um Mischformen. Ihrem Wesen wird daher eine Mischform entsprechen, die sich z. B. als Oval, Ellipse, Rosette, Vieleck oder als räumliche Form zeigen kann.

Übung zur Erkundung der Eigenform
In der folgenden Übung rufen Sie nach den einleitenden Entspannungsübungen die Form auf, die Ihrem Wesen entspricht.

Suchen oder bewerten Sie nicht, sondern lassen Sie jede Wahrnehmung zu, auch Formveränderungen. So kommen Sie Ihrer inneren Wirklichkeit näher.

Übung

Autogene Eigenformmeditation

Einleitung

Ich wähle einen ruhigen Ort …
Ich stelle mich auf meine Entspannungsübungen ein …
Ich beginne mit bereits bekannten Meditationsinhalten…

Eigenformmeditation

Meine innere Wirklichkeit öffnet sich …
Vor meinem inneren Auge entwickelt sich die Form,
die meinem Wesen entspricht …
Vor meinem inneren Auge entwickelt sich meine Form …
Ich sehe meine Form …
In mir sehe ich meine Form …
In mir erlebe ich meine Form …
Ich tauche ein in meine Form …
Meine Form breitet sich aus …
Meine Form durchströmt mich …
Meine Form gehört zu mir …
Meine Form ist Bestandteil meines Selbst …
Meine Form bin ich …

Ausklang

Ich beende meine Formmeditation …
Ich komme zurück zum Hier und Jetzt …
Ich aktiviere wie gewohnt.

Mit wiederholter Einstellung auf Ihre Eigenform wird diese klarer und deutlicher. Mit weiteren Meditationen zur Eigenform bereinigen Sie Formdiskrepanzen in sich und stärken die Form Ihres Seins.

Mandalas

Die Diagramme des Seins beinhalten die Grundformen des Seins: Kreis, Dreieck und Quadrat. Sie eignen sich daher ausgezeichnet zur Meditation über das Sein auf der Formebene. Im Mandala können Sie die Formen durchschreiten, überschreiten und zur transpersonalen Meditation gelangen. Es gibt eine Vielzahl von kunstvollen Mandalas, die sich auch als Anregung für eigene Entwürfe verwenden lassen. Gute Anleitungen beinhaltet »Das Mandala-Arbeitsbuch« von Anneke Huyser (1996).

Mandalaähnliche Graphiken mit symmetrischer Ordnung hat Victor Vasarely entworfen. Diese sind im westlichen Umfeld entstanden, beinhalten besondere Tiefeneffekte und entsprechen den westlichen Sehgewohnheiten teilweise besser als die östlichen Mandalas. Einige Graphiken von Vasarely eignen sich ausgezeichnet zum Einstieg und zur Transzendierung, zur Durchschreitung der Formwelt.

Inzwischen gibt es auch Mandala-Malbücher. Das Entwerfen von eigenen Mandalas ist jedoch sinnvoller als das Ausmalen vorgefertigter Strichzeichnungen. Zum ersten Vertrautwerden mit der Form-Farb-Welt sind solche Malbücher akzeptabel.

Meditation zu einem ausgewählten Gegenstand

Bisher haben Sie versucht, solche Farben und Formen zu sehen, die nicht an Gegenstände gebunden sind. Das ist keine einfache Übung, denn Farben und Formen sind meist Bestandteile oder Hintergründe von Gegenständen. Sie haben keinen Fehler gemacht, wenn Sie bereits Eindrücke von der Vielgestaltigkeit der Erscheinungsformen bekommen haben.

Nun soll aus der Vielzahl der Phänomene ein einfacher, fest umrissener Gegenstand zur Meditation ausgewählt werden. Der Gegenstand soll im Raum oder in der Natur vorhanden sein, greifbar und Ihnen sympathisch sein. Wählen Sie einen Gegenstand aus Ihrer Umgebung, z. B. eine Vase, eine Kerze, einen Stein oder einen Apfel, und legen Sie den Gegenstand vor sich. Betrachten Sie Ihren Gegenstand, der in Reichweite vor Ihnen steht, nachdem Sie ihn getastet, gerochen, eventuell geschmeckt haben. Vertiefen Sie sich in Ihren Gegenstand. Wenn die Augenlider schwerer werden, können Sie die Augen schließen und Ihr Bild vor dem inneren Auge weiter betrachten.

Autogene Meditation zu einer bestimmten Form

Einleitung

Ich wähle einen ruhigen Raum …
Ich entspanne mich …
Ich betrachte die vor mir stehende Vase …

Meditation zu einer Vase

Ich sehe die Vase …
Ich sehe die Form der Vase …
Ich nehme die Vase mit allen Sinnen in mich auf …
Ich erlebe die Vase …
Ich spüre die Form der Vase …
Ich schließe die Augen …
Vor meinem inneren Auge entwickelt sich eine Form,
ich sehe meine Vase …
Vor meinem inneren Auge spüre ich meine Vase …
Ich vertiefe mich in meine Vase …
Ich erlebe meine Vase …
Ich durchschreite meine Vase …

Ausklang

Meine Bilder und Vorstellungen treten in den Hintergrund,
sie werden undeutlicher, verschwimmen …
Ich kehre zurück zum Hier und Jetzt …
Ich aktiviere wie gewohnt.

Nachbetrachtung Konnten Sie die Vase vor dem inneren Auge sehen? Hatte die Vase eine Farbe? Veränderte sich die Farbe? Welche Form hatte die Vase? Veränderte sich die Form? Wie fühlte sich die Vase an? Wie erlebten Sie das Durchschreiten der Vase? Erschienen andere Bilder?

Symbolik von Gegenständen

Die mystische Sehnsucht der Menschen führt dazu, den Gegenständen symbolische Bedeutungen zu geben. Die Bedeutungen leiten sich vom emotionalen und rationalen Gehalt der Gegenstände ab. Ein Stein fühlt sich hart, fest und kalt an. Im Gegensatz dazu fühlt sich ein Handtuch weich, locker und warm an. Eine leblose Kerze läßt sich entzünden und gibt dann lebendiges, warmes Licht ab. Mit einem Krug oder einer Vase verbindet man deren Funktionen, nämlich lebensspendendes und lebenserhaltendes Wasser bereitzustellen. Die Religionen nutzen die Symbolik der Kerze als Lebenslicht, der Kelch enthält das neue Leben. Die Tiefenpsychologie hat die geschlechtliche Dimension zu fassen versucht, indem sie der Kerze die männliche Seite und der Vase, dem Kelch, dem Krug die weibliche Seite zuordnete.

Die Symbolik ist an die jeweiligen, auch persönlichen Sinngebungen gebunden. Daher ist eine feste Zuordnung von Symbol und Gegenstand nicht möglich, Symbollisten sind kritisch zu betrachten. Gegenstände können durchaus individuelle symbolische Bedeutung erlangen.

Fallbeispiel

Eine Sprechstundenhilfe erzählt:

»Obwohl ich eine Vase sehen wollte, zeigte sich ein alter Brunnen, so ein Dorfbrunnen, wie man ihn auf alten Bildern sieht. Ein feiner Wasserstrahl sorgte für die Füllung. Der Brunnen war grau, die Wasseroberfläche undurchsichtig golden. Sie glitzerte nur so im Sonnenschein. Ich schob den goldenen Vorhang, der auf dem Wasser schwebte, beiseite, schon war das Wasser durchsichtig. Bis auf den Brunnengrund konnte ich sehen. Was ich sah, erstaunte mich: Eine Spielzeugstadt breitete sich aus. Die Vorstellung der versunkenen Stadt Atlantis schoß mir durch den Sinn. Ich schaute genauer hin und sah auf dem Marktplatz eine große Tonvase, die mit Gold gefüllt war. Das Gold funkelte in der Sonne. Es breitete sich über der ganzen Stadt aus. Der Überlauf des Brunnens füllte die Vase mit klarem Wasser, das Wasser quoll über und vermischte sich mit dem Gold. Alles wurde klar und durchsichtig.«

Kommentar   Solche und ähnliche Bildfolgen stellen keine Seltenheit dar. Sie spiegeln etwas von der inneren Wirklichkeit des Schauenden. Die Symbolik hält sich nicht an Lehrbücher, sondern entwickelt ihre eigene Dynamik. Solange die Bedeutungen für den Betrachter nicht offensichtlich sind, macht es wenig Sinn, nach Bedeutungen zu suchen. Das würde die Bildproduktion nur beeinträchtigen. Klärung kann vielleicht das erneute Aufrufen fraglicher Bilder in der nächsten Meditation bringen.

Meditation zu einem Naturbild

Eine Vase ist ein von Menschenhand oder industriell geformtes Objekt. Eine Blume ist eine lebendige Schöpfung der Natur bzw. die Schöpfung eines höheren Wesens. Nach der Objektmeditation können Sie sich jetzt der lebendigen Natur zuwenden.

Übung

Meditation zu einem Naturbild

Einleitung

Ich wähle einen Platz in der Natur …
Ich nehme eine natürliche Haltung ein …
Ich löse mich und stelle mich auf frühere
Meditationselemente ein …

Meditation zu einer Pflanze

Vor meinem inneren Auge entwickelt sich ein Bild,
ich sehe eine blühende Pflanze …
Vor meinem inneren Auge entwickelt sich ein Bild,
ich rieche die Pflanze …
Vor meinem inneren Auge entwickelt sich ein Bild,
ich taste die Pflanze …
Vor meinem inneren Auge entwickelt sich ein Bild,
ich erlebe die Pflanze …
Die Pflanze tritt in den Hintergrund,
sie wird undeutlicher …
Vor meinem inneren Auge entwickelt sich ein neues Bild,

ich sehe eine Rose …
Vor meinem inneren Auge entwickelt eine Rose,
ich rieche die Rose …
Vor meinem inneren Auge entwickelt sich eine Rose,
ich taste die Rose …
In meinem inneren Auge entwickelt sich eine Rose,
ich bin erfüllt von meiner Rose …

Ausklang

Die Rose tritt in den Hintergrund …
Ich komme zurück zum Hier und Jetzt …
Ich aktiviere wie gewohnt.
Ich bin dankbar für die Erfahrung mit meiner Rose.

Nachbetrachtung Zeigte sich ein Naturbild, das Sie nicht erwartet hatten? Besaß das Bild eine besondere Qualität? Zeigte es sich anders, als Sie es gewohnt sind? Hielt das Bild eine Botschaft für Sie bereit? Welchen Geruch hatte die Pflanze? Sahen Sie ein statisches Bild, oder war Bewegung darin? Kamen Bildfolgen oder kleine Filmszenen zustande? Konnten Sie mitgehen? Gelang Ihnen die Umschaltung auf ein neues Bild? Zeigte sich Ihnen eine Rose? Welche Form, welche Farbe hatte die Rose? Wie roch sie, wie fühlte sie sich an? Welche Gefühle löste die Rose in Ihnen aus? Wollte Ihnen die Rose eine Botschaft übermitteln?

Symbolik der Pflanzen

Die Rose ist die Königin der Pflanzen, sie übt eine besondere Anziehungskraft auf uns aus. In Asien ist der Lotos die am höchsten geschätzte Blume; im Westen heißt sie Seerose. Die sich öffnende Rose symbolisiert Zuneigung und Liebe zum Leben, zum Mitmenschen und zum Transzendenten.

Die symbolischen Bedeutungen anderer Pflanzen sind weniger eindeutig, das individuelle Erleben bestimmt weitgehend die Bedeutungen. Für die Prototypen Blume und Baum lassen sich die folgenden allgemeingültigen Bedeutungen festhalten:

- Blume steht für Schönheit, Zartheit, Zuneigung, Entfaltung und Lebensfreude.

- Der Baum symbolisiert die Verwurzelung, die Beständigkeit, das Wachsen und das Leben.

Bestimmte Pflanzen und Gegenstände haben persönliche Bedeutung erlangt oder können nur vom aktuellen Sinnzusammenhang her gedeutet werden. Aus tiefenpsychologischer Sicht haben viele Objekte sexuelle Bedeutung. Die Sexualität ist ein wichtiges Thema im Leben und in der Symbolik. Ein Krug kann die sexuelle Sehnsucht Adams anregen, ein Apfel kann die Verführungskünste Evas beflügeln. Die sexuelle Symbolik kann aber nicht als allgemeingültig angesehen werden, der jeweilige Sinnzusammenhang ist zu beachten. Lassen Sie sich keine symbolischen Bedeutungen einreden, die symbolischen Bedeutungen sind in Ihnen.

Bilder zeichnen

Die Bedeutungen von Bildern liegen oft nicht auf der Hand. Die gestaltende Hand kann jedoch als Werkzeug des Sehens und Fühlens wirken, wenn Sie Ihre Wahrnehmungen aufzeichnen oder beschreiben. Zeichnen und Beschreiben unterstützen die Reflexion des Erlebten und dienen der Klärung.

Fallbeispiel

Ein Bild mit Symbolkraft

Ein Bankangestellter sah in der autogenen Formmeditation eine silbrige Schale auf einem samtblauen Hintergrund. Er kommentiert in der Nachbesprechung: »Vermutlich sollte das einen Geldtopf darstellen, also meine berufliche Situation, wo sich alles ums Geld dreht und alles vornehm zugeht.«

Der Kursleiter fordert den Bankkaufmann auf, die Interpretation zurückzustellen und die Schale so aufzuzeichnen, wie er sie gesehen hat. Folgendes Bild entsteht:

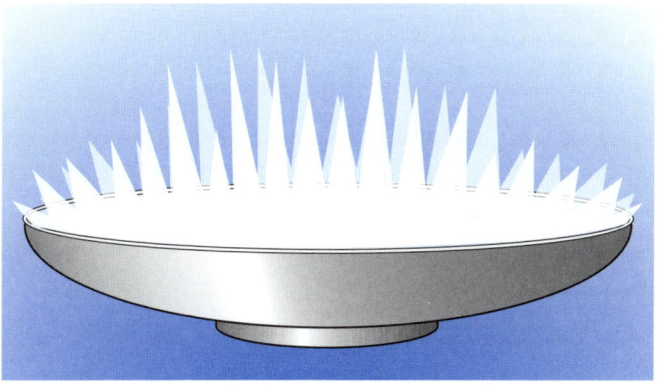

Abbildung 7: Schale mit Symbolgehalt

Der Zeichner betrachtet die Schale und sagt: »Nein, das hat nichts mit der Bank zu tun. Im ersten Augenblick dachte ich das, ich bin nämlich so sauer auf die Bank – nur Geldgeschäfte und Mobbing, das ist es, was da läuft. Wenn ich meine Schale jetzt so sehe, hat sie irgendwie was Besonderes. Die Schale ist weit nach oben geöffnet, Strahlen zeigen nach oben. Wenn ich mich da hineinversetze, könnte ich selbst die Schale sein, die eine Verbindung nach oben sucht. Ja, ich bin die Schale, die eine Verbindung nach oben sucht, die sich weiterentwickeln möchte, irgendwie eine Verbindung zu höheren Bereichen sucht. – Die Alltagsquerelen haben mich also doch noch nicht kaputt gekriegt. Das ist ja beachtlich.«

Kopfgesteuerte Überlegungen zu den Bildern sind wenig hilfreich. Das Zeichnen und Beschreiben der oft symbolhaften Gegenstände kann Klärungen herbeiführen. Es ist aber nicht wichtig, ob sich etwas klärt, wichtig sind die Wege, auch die vermeintlichen Umwege des Erlebens. Wenn dabei Erkenntnisse oder Einsichten entstehen, ohne daß Sie diese zum Ziel gemacht haben, können Sie sich darüber freuen.

Behalten Sie die berühmten Sätze vor Augen: *Der Weg ist das Ziel.* Und: *Gehen bahnt den Weg.*

Zusammenfassung

Die autogene Formmeditation im Überblick

- Sie können eine nicht festgelegte geometrische Form vor Ihrem inneren Auge auftauchen lassen und sich in diese vertiefen.

- Sie können eine Kreisform, ein Dreieck oder ein Quadrat aufrufen und sich darin vertiefen.

- Sie können ein geometrisches Bild entstehen lassen.

- Sie können ein geometrisches Bild, ein Mandala zeichnen.

- Sie können ein Mandala oder eine Vasarely-Graphik betrachten.

- Sie können ein Mandala oder eine Vasarely-Graphik vor Ihrem inneren Auge entstehen lassen.

- Sie können einen Gegenstand vor Ihrem inneren Auge entstehen lassen.

- Sie können einen Gegenstand, eine Vase oder eine Kerze meditativ betrachten.

- Sie können ein Naturobjekt, einen Apfel oder eine Orange vor Ihrem inneren Auge entstehen lassen.

- Sie können eine Landschaft vor Ihrem inneren Auge entstehen lassen.

- Sie können ein Pflanze vor Ihrem inneren Auge entstehen lassen.

- Sie können eine Blume vor Ihrem inneren Auge entstehen lassen.

- Sie können eine Blüte vor Ihrem inneren Auge entstehen lassen.

- Sie können eine Rose vor Ihrem inneren Auge entstehen lassen.

- Sie können bewegte Bilder aufrufen und sich darin vertiefen.

Autogene Klangmeditation

Manche im autogenen Training Geübte melden sich kritisch zu Wort, wenn von autogener Musikmeditation die Rede ist. Sie sagen, die Klänge kämen von außen, seien fremdproduziert, also das Gegenteil von autogen. Dieser kritische Einwand kann berechtigt sein und könnte auf Farben und Formen ebenso zutreffen. Auch Farben und Formen wirken von außen auf den Empfänger ein und sind selten selbsterzeugt. Der kritische Verstand hat sich aber bei Farb- und Formmeditation nicht gemeldet. Auf diese Diskrepanz aufmerksam gemacht, fordert der Verstand nun eine Erklärung. Die meisten Menschen erleben Farben und Formen als zu ihnen gehörig. Sie sehen Farben und Formen an ihrem Körper, haben selbst Farbe und Form und erleben sich als farbig und formenhaft.

Harmonie der Klänge

Klänge respektive Schwingungen des Organismus sind nicht sichtbar und nur in Einzelfällen hörbar, obwohl der Mensch ein Klang- und Resonanzwesen ist. Denken Sie an die Herzschläge oder an den Resonanzkörper des Brustkorbes, den man auch »Resonanzboden« nennt. Die Klangmöglichkeiten des Organismus sind damit längst nicht erschöpft.

Harmonik der Klangwelten

Die meisten Klänge bzw. Schwingungen liegen außerhalb des menschlichen Hörbereichs und lassen sich nicht bewußt wahrnehmen. Für den Menschen hörbar sind Frequenzen zwischen etwa 20 bis 20000 Hertz. Die Schwingungen des sichtbaren Spektrums des Lichts bewegen sich zwischen 400 und 800 Billionen Hertz. Unser Körper hat als Gesamtorganismus in Entspannung Grundschwingungen von ca. 8 Hertz. Unsere Hirnschwingungen betragen im autogen-entspannten Wachzustand ebenfalls ca. 8 Hertz. Der Alphabereich, bei dem die Lernbereitschaft besonders hoch ist, liegt zwischen 8 und 12 Hertz. Unsere Erde schwingt, wer hätte es vermutet, mit einer Grundfrequenz von 8 Hertz in den elektrisch geladenen

Schichten der Erdatmosphäre. Was bedeutet das, neben wahrscheinlich eingetretener Verblüffung, für den Menschen? Es bedeutet, daß sich der Mensch bei bestimmten Frequenzen im Einklang mit sich selbst und in Harmonie mit der Natur befindet.

In der beginnenden Entspannung reagiert zunächst die synthetisierende rechte Gehirnhälfte mit Einpegelung auf den sogenannten Alpharhythmus. Zügig breitet sich der Alpharhythmus auf die linke, für rationale Funktionen zuständige Hirnhälfte aus. Emotionalität und Rationalität sind synchronisiert, Denken und Fühlen sind harmonisiert, sie arbeiten gemeinsam auf gleicher Wellenlänge. In der entspannten Wachheit der autogenen Meditation arbeiten beide Hirnhemisphären ganzheitlich-harmonisch miteinander. Die Harmonie breitet sich im gesamten Organismus aus. In der Entspannung befindet sich der Mensch zudem im Einklang mit der Frequenz der Mutter Erde, im hochfrequenten Bereich kann er sich im Einklang z. B. mit der blauen Blume oder dem weißgetönten Lotos befinden.

Steven Halpern hat in seiner »Spektrum-Suite« (1985) versucht, Farbtöne in Musik umzusetzen. Besonders empfindsamen Personen gelingt es, in der sphärenhaften Musik nicht nur die jeweils zugehörige Farbe auftauchen zu lassen, sondern auch ihre eigene Schwingungsresonanz zu spüren. Ein Zuhörer berichtet: »In dieser Musik höre und sehe ich Klangfarben. Es ist, als ob ich selbst Klang wäre.«

Der Körper erzeugt besonders in seinen Organen eigene Schwingungen und wird durch eigene und fremde Schwingungen, z. B. durch Musik, in Resonanz versetzt. Es kommt zu harmonischem Lebensfluß, wenn äußere und innere Rhythmen übereinstimmen bzw. wenn sich die wahrgenommenen und die inneren Rhythmen einander angleichen. Der harmonische Einklang vertieft die Entspannungsgefühle und die Meditationsintensität, selbst wenn die physiologischen Korrelate für Spannung sprechen sollten.

Klangbeeinflussung Halpern (1985) berichtet von Untersuchungen des amerikanischen Musikprofessors R. M. Schafer, der herausgefunden hat, daß die meisten Amerikaner beim Ton H besonders gut meditieren, erinnern und sich etwas einprägen können. Den Europäern gelingt dies am besten beim Ton Gis. Schafer stellt eine erstaunliche Hypothese auf:

● Dem H entspricht in Amerika der Stromtakt von 60 Hertz, dem Gis entspricht der europäische Takt des Wechselstroms von 50 Hertz; der Organismus reflektiert die Taktungen. Da der Organismus diesen Taktungen ähnlich den Naturrhythmen häufig ausgesetzt ist, kommt es zur inneren Stärkung des Tones H bei den Amerikanern bzw. des Gis bei den Europäern. Schafer meint, die Stärkung könne soweit gehen, daß H bzw. Gis zum Eigenton wird. Nach seinen Untersuchungen intonieren die meisten Amerikaner in tiefer Entspannung auf die Aufforderung hin, irgendeinen Ton hörbar werden zu lassen, häufiger als jeden anderen Ton ein H. Beim gleichen Versuch mit Europäern ist es ein Gis.

Verblüffend? Wohl kaum für diejenigen, die mit Goethe aus dem Faustprolog rezitieren:

Die Sonne tönt nach alter Weise
in Brudersphären Wettgesang,
und ihre vorgeschrieb'ne Reise
vollendet sie mit Donnergang.

Jeder Planet eine Grundfrequenz, die mit anderen Planeten in einem konzertanten Beziehungsgefüge steht. J.-E. Berendt spricht in seinem Werk »Nada Brahma – die Welt ist Klang« (1985) von der Sphärenharmonie bzw. Weltenharmonie. Im Menschen kommt es trotz dieser grundlegenden Harmonie zu Dissonanzen bzw. Mißtönen und Gegenschwingungen. Das hängt mit den souveränen Fähigkeiten des Menschen zusammen, mit denen er aktiv die innere und äußere Harmonie beeinträchtigen kann. Es handelt sich um die intellektuellen, assoziativen, imaginativen und emotionalen Fähigkeiten der Menschen, die sie harmonisch, aber z. B. in einer Konkurrenzsituation auch disharmonisch, einsetzen können. Der dissonante Gebrauch von Verstand und Gefühl ist gerade im Westen weit verbreitet. Vielen Menschen ist die gelassene Grundhaltung verlorengegangen, durch die ein Leben in harmonischer Eintracht

gewährleistet wurde. Viele sind noch weit entfernt von der in Asien stärker verbreiteten Lebenseinstellung:
Ein gelassenes Wesen reflektiert Freude und Leid gleichmütig – und bleibt im Einklang mit dem Universum (frei nach der Bhagavadg'ita).
Rückbesinnung auf die mikro- und makrokosmische Harmonik findet statt, wenn die Betroffenen ihren Irrweg erkennen oder Hinweise wohlwollender Mitmenschen dazu führen, auf den Weg der Harmonie zurückzukehren. Solche Hinweise können in dem direkten Ratschlag bestehen, sich mit autogenem Training zu beschäftigen, oder im Leitsatz der Tageszeitung enthalten sein. Brigitte Vetter hat in ihrer Veröffentlichung »Nichts ist das Eine« (Ikos, Zürich, 1998, S. 26) im Haiku-Versmaß die kosmische Harmonie zu fassen versucht:

Nähe und Weite
Liebe, Atem und Herzschlag –
kosmische Rhythmen

● Kosmos und Leben beinhalten Klänge. Gleichklang ist Harmonie mit dem Kosmos. Klänge werden im Inneren reflektiert und stärken das zugehörige Erleben. Die »Spektrum-Suite« von Halpern fördert den Gleichklang der äußeren mit den inneren Farbtönen. Der »Bolero« von Ravel stimuliert mit zunehmendem Tempo das innere Vorwärtsdrängen. Beethovens »Mondscheinsonate« stärkt mit ihrem getragenen Gleichklang die Entspannung. Alle berühren den Menschen emotional.

Diese Erläuterungen waren notwendig, um Ihnen zu verdeutlichen, wie Musik als Katalysator für innere Klänge wirkt. Der autogene Weg findet statt, wenn Sie die Musik in sich hineinnehmen, Sie in der Musik selbst leben, Sie von ihr belebt werden.

● In der autogenen Musikmeditation können Sie die beschriebenen Zusammenhänge nutzen, indem Sie Schwingungen Ihres Organismus hörbar oder spürbar werden lassen bzw. wenn Sie Klängen in Ihrem Inneren Ausdruck und Resonanz verleihen. Hier bieten sich ausgezeichnete Möglichkeiten der Selbst- und Harmonieerfahrung.

Innere Klänge wahrnehmen und hörbar machen

Nun können Sie mit Ihrer ersten Klangmeditation beginnen.

Übung

Autogene Klangmeditation

Einleitung

Ich suche einen ruhigen Raum auf ...
Ich nehme eine lockere Haltung ein ...
Ich beginne mit meinen Entspannungsübungen ...
Ich stelle mich auf frühere Meditationsinhalte ein ...

Schwingungen wahrnehmen und ausdrücken

Ich lenke meine Aufmerksamkeit nach innen ...
In meinem Inneren spüre ich eine Schwingung ...
In meinem inneren Ohr höre ich einen Klang ...
Ich lenke meine Aufmerksamkeit dem Klang zu ...
Ich erlebe den Klang ...
Der Klang wird deutlicher ...
Der Klang will sich Ausdruck verschaffen ...
Ich lasse den Klang ertönen ...
Ich spüre die Resonanz in meinem Inneren ...
Ich höre den Ton ...
Ich spüre den Ton ...
Ich sehe ein Klangbild ...
Ich nehme das Klangbild wahr ...
Ich bin Klang ...

Ausklang

Der Klang und die übrigen Wahrnehmungen werden schwächer ...
Ich bedanke mich und verabschiede mich von meinem Klangerlebnis ...
Ich komme zurück zum Hier und Jetzt.

Haben Sie die Schwingungen des lebendigen Seins in sich wahrgenommen? Konnten Sie sie hören? Wo haben Sie sie wahrgenommen? Wie äußerten sie sich? War es ein einzelner Ton? War es ein Stimmenwirrwarr? War es ein Tongefüge? War es ein Klangbild? War es harmonisch? Wie fühlten Sie sich dabei? Veränderten sich die Klänge und die Gefühle? Konnten Sie den Ton oder die Klänge hörbar werden lassen? Was veränderte sich in diesem Moment? Haben Sie die Resonanz der Schallwellen in Ihrem Inneren gespürt? Hat sich mit den Tönen ein Klangbild verbunden? Wie fühlten sich die Töne und die Begleitbilder an? Waren Sie in die Klänge eingetaucht, versunken? Konnten Sie sich im Klang erleben? Befanden Sie sich im Einklang?

Wie Sie wissen, sollen Ihnen die Fragen bei der Reflektion des Erlebten helfen. Sie brauchen nicht den Anspruch zu haben, alle Fragen positiv beantworten zu können. Im nachfolgenden Fragebogen können Sie Ihre Erlebnisse schriftlich festhalten:

Arbeitsblatt zur autogenen Klangmeditation

Meine Aufzeichnungen zur autogenen Klangmeditation

	ja/nein	Welche Gefühle?
Konnte ich die Aufmerksamkeit nach innen richten?		
Spürte ich Schwingungen in mir?		
Hörte ich Schwingungen in mir?		
Wo spürte ich Schwingungen?		
Waren es einzelne Töne?		
Sah ich ein Klangbild?		
Waren es harmonische Klänge/Bilder?		
Veränderten sie die Wahrnehmung?		
Veränderten sie die Gefühle?		
Waren die Klänge in mir?		
War ich in den Klängen?		
Konnte ich mich als Klang erleben?		

Bei den Fragen, die Sie nicht beantworten konnten, sind Lücken offengeblieben. Schauen Sie sich vor der nächsten Klangübung die offengebliebenen Fragen an, und nehmen Sie die Fragen, auf die Sie Antworten wünschen, mit in Ihre nächste Klangmeditation.

Den Eigenton wahrnehmen und intonieren

Sie haben in der vorherigen Übung innere Schwingungen wahrgenommen und die Schwingungen mit Hilfe Ihrer Stimme hörbar gemacht. Wie hörte sich der Klang an? War es ein tiefer Ton oder ein hoher Ton? War der Klang einem A, E, O oder M ähnlich? Fühlten Sie Wohlbehagen bei dem Klang?

Wenn Sie sich bei einem bestimmten Tonklang ausgesprochen wohl fühlen, könnte das der Ton sein, der Ihr Wesen als Klang ausdrückt, der Ihrem Wesen auf der Klangebene entspricht. Ihr Eigenton meldet sich bevorzugt in der entspannten Meditation. Der Ton, der Ihnen ein harmonisches Gefühl des Einsseins mit sich selbst vermittelt, entspricht Ihrem Wesenston. Ihren Eigenton können Sie zur Förderung von harmonischem Empfinden auch anstimmen. Lauschen Sie dem Ton, lassen Sie ihn auf sich einwirken, vertiefen Sie sich in den Ton.

Übung

Autogene Eigentonmeditation

Einleitung

In einem ruhigen Raum nehme ich eine lockere Haltung ein …
Ich wende mich meinen Entspannungsübungen zu …
Ich wende mich bereits bekannten Meditationselementen zu …

Eigentonmeditation

Ich öffne mich meiner inneren Wirklichkeit …
In meinem inneren Ohr höre ich meinen Ton …
Ich lausche meinem Ton …
Ich summe meinen Ton …
Ich spüre die Schwingungen meines Tons …
Ich erlebe meinen Ton …
Ich vertiefe mich in meinen Ton …
Ich bin eins mit meinem Ton …
Ich bin mein Ton …
Ich bin Klang …

Ausklang

Ich wende meine Aufmerksamkeit langsam auf äußere Klänge …

Ich bin dankbar für die Klangwelt in mir und außer mir …
Ich lasse mich auf das Hier und Jetzt ein und aktiviere wie
gewohnt.

Nachbetrachtung War es ein harmonisches Gefühl? Fühlten
Sie sich im Einklang mit sich selbst? Das spräche dafür, daß Sie
Ihren Eigenton erlebt haben. Vielleicht wollte oder konnte sich
Ihr Eigenton noch nicht ausdrücken? Beschäftigen Sie sich öfters
mit der Eigentonmeditation, dann wird Ihr Eigenton deutlicher.

Meditation zu bestimmten Klangformen

Die Klangmeditation hat eine lange Tradition. Seit Jahrtausenden vertiefen sich die Menschen Asiens in Mantras, das sind
Klänge, die von Meditierenden ständig wiederholt werden. Das
Prinzip der monotonen Wiederholung fand auch Eingang in das
autogene Training. Mantras werden meist als Buchstaben oder
Silben ausgedrückt; sie bestehen hauptsächlich aus den Vokalen
A, E, I, O, U und dem M. Das tiefe U hat eine nach unten gerich-
tete Tendenz, das hohe I trägt nach oben, A und E beschreiben
horizontale Bewegungen, das O hat eine allumfassende Richtung und beinhaltet das universelle Prinzip. Das M schließt und
zentriert kreisende Bewegungen. Berühmt ist das allumfassende
Mantra OM, das die Meditierenden als »Aom« oder »Aoum« intonieren. Das christliche Amen klingt wie eine geschwächte Kopie
des AOUM. Mantras wirken vor allem durch ihren Klang. Bedeutungen, die über den Intellekt aufgenommen werden, wirken
hinderlich. Die Wirkungen kommen hauptsächlich aufgrund
der Klangmuster zustande. Die tiefen Klänge in den autogenen
Formeln »Der rechte Arm ist ganz schwer bzw. warm« und »Ich
bin ganz ruhig« unterstützen die entspannende Wirkung der
Suggestionen.

Besonders entspannend wirken tiefe, dunkle Laute. Anregend
wirken hohe, helle Laute. Einheitsstiftend wirken vor allem der
runde Laut O und das schwingende M. Sie können einen oder
mehrere dieser Laute erklingen lassen und damit Stimmungen
beeinflussen. Wenn Sie sich innerlich unausgeglichen, zerrissen
fühlen, ist es hilfreich, mit den Klängen O und M zu meditieren.

Übung

Autogene Meditation zu einem bestimmten Klang

Einleitung

Ich nehme eine lockere Haltung ein …
Ich wende mich meinen Entspannungsübungen zu …
Ich wende mich bereits bekannten Meditationsinhalten zu …

Meditation zu einem bestimmten Klang

In meinem inneren Ohr entwickelt sich ein Ton …
Ich höre den Ton, z. B. ein O …
Ich spüre den Ton …
Ich gebe dem Ton O meine Stimme …
Ich lasse den Ton O erklingen …
Ich höre den Klang …
Ich spüre die Schwingungen …
Ich erlebe die Harmonie im O …
Ich vertiefe mich in das O …
Ich fühle, wie mein O sich ausbreitet …
Ich bin eins mit meinem O …
Ich gehe zu einem M über …
Ich höre das M …
Ich fühle, wie das M sich ausbreitet …
Ich erlebe das M …
Ich spüre die Schwingungen des M …
Ich vertiefe mich in das M …
Ich bin eins mit meinem M …

Ausklang

Ich lasse meine Erfahrungen nachklingen …
Ich bin dankbar für die Klangerlebnisse …
Ich komme zurück zum Hier und Jetzt.

Eine solche Klangmeditation können Sie mit verschiedenen Tönen durchführen und den unterschiedlichen Wirkungen nachspüren. Sie können in der Meditation Klänge ertönen lassen, die Ihrer Stimmung entsprechen. Sie können Wunschklänge anstimmen und den gewünschten Klängen nachspüren.

J.-E. Berendt verwendet das Sanskrit-Mantra »Nada Brahma«. In Ihrer nächsten Meditation können Sie, wenn Sie möchten, sich auf diesen Klang oder die entsprechenden deutschen Begriffe Klangwelt, Urklang oder einfach »Klang« meditativ einstellen.

Fallbeispiel

Eine Studentin berichtet:

»In der Meditation passiert so viel Neues, ja Unerwartetes. Es ist total beeindruckend, was sich aus einfachen Buchstaben entwickeln kann. Als ich neulich schlecht drauf war, habe ich mir bei der Klangmeditation ein i vorgestellt und versuchte es zu singen. Das gelang mir aber schlecht. Das i war krächzig und klang wie igittigitt. Also hörte ich lieber das i in meinem Inneren. Und was geschah: Das i nahm meine Gestalt an und dehnte sich nach oben aus. Ich wurde immer länger und der Ton immer höher. Es war ein tolles Gefühl, ich war dehnbar wie Kaugummi und wurde immer leichter, ja schwerelos. Mit dem unteren i-Haken behielt ich eine Verankerung im Boden, der i-Punkt schwebte bald frei im Raum. Ich hatte eine Ausdehnung von der Erde bis zum Himmel. Nichts war getrennt, alles war eins. Ich fühlte mich riesig und stark.

Dann ließ die Dehnung des i langsam nach, ich kam auf normale Größe zurück, behielt aber die volle Power in mir. Nach der Meditation war meine Körperhaltung aufrechter als vorher. Ein starkes Gefühl war das.«

Kommentar   Es ist nicht ungewöhnlich, daß bei der Einstellung auf Einzelbilder ganze Bildfolgen ablaufen. Gehen Sie einfach mit, solange Sie mögen. Sollten unangenehme Empfindungen auftauchen, die schwer auszuhalten und schwer auszuschalten sind, können Sie einzelne Elemente der Vorstellungen oder der Bilder verändern, bis Sie sich wieder wohler fühlen. Falls die Ausdehnung des i respektive der Person unangenehm geworden wäre, hätte die weitere Ausdehnung von der vertikalen in eine horizontale Vorstellung übergeleitet werden können. Es wäre auch möglich gewesen, mit der Einfügung einer begrenzenden

Decke, analog zur Bodenverankerung, die weitere Ausbreitung zu beenden. Verwenden Sie Mittel, die das vorhandene Bild nahelegt, oder lassen Sie die Bilder oder Vorstellungen schwächer werden, wie Sie es vom Ausklang der Meditationen her kennen.

Körperschema   Veränderungen des Körperschemas kennen sie bereits von den Grundübungen des autogenen Trainings her. Einzelne Körperteile können sich über- oder unterproportioniert zeigen. Das Körperbild kann sich parallel zu einem Meditationsbild verändern. Spüren Sie sich neugierig hinein.

Meditation zu den Klängen des Körpers

Die Klänge des Körpers lassen sich als Meditationsgegenstand verwenden, indem Sie sich in den Herzschlag bzw. in die Atmung hineinspüren. Begeben Sie sich in die Rhythmen hinein, gehen Sie mit, lassen Sie sich von Rhythmen tragen.

Vielleicht entwickelt sich ein Bild, etwa das Bild eines Bootes, das sanft über den Wellen des Herzschlags und der Atmung auf dem weiten Meer dahingleitet.

Den Herzschlag und die Atmung können Sie wie in der Zen-Meditation zählend begleiten, indem Sie von eins bis zehn zählen und wieder von vorne beginnen. Sie können die Bewegungen auch mit Klängen begleiten, indem Sie beim Ein- und Ausatmen klanghafte »ein … aus« oder »auf … ab« denken.

Übung

Autogene Atemmeditation

Einleitung

Ich nehme eine lockere Haltung ein …
Ich wende mich meinen Entspannungsübungen zu …
Ich stelle mich auf bereits bekannte Meditationsobjekte ein …

Atemmeditation

In meinem Inneren erlebe ich meine Atmung …

Meine Atmung durchströmt mich ...
Ich spüre meine Atmung ...
Ich höre meine Atmung ...
Ich erlebe das Auf und Ab meiner Atmung ...
Ich spüre das Ein und Aus meiner Atmung ...
Ich denke beim Einatmen »ein« ...
Ich begleite das Ausatmen mit »aus« ...
Ich bin in meiner Atmung ...
In meinem Atemrhythmus zeigt sich ein Bild ...
Ich bin im Rhythmus und im Bilde ...
Ich bin in der Atmung ...
Ich bin Atmung ...

Ausklang

Die Schwingungen und Bilder treten in den Hintergrund ...
Ich konzentriere mich auf die Außenwelt ...
Ich aktiviere wie gewohnt.

Nachbetrachtung   Wie haben Sie Ihre Atmung und Ihren Herzschlag wahrgenommen? Konnten Sie sich in die Schwingungen und Klänge Ihres Körpers hineinbegeben? Wie haben Sie die Situation erlebt? Schreiben Sie ein Erlebnisprotokoll!

Besonders tonbegabte Menschen können Wünsche und Vorstellungen in Klängen ausdrücken und festhalten. Wie man ein schriftliches Protokoll lesen und vorlesen kann, so kann man ein Notenprotokoll lesen, vorlesen und erklingen lassen. Das bloße Lesen und Sehen wird kaum die emotionale Dimension enthüllen. Die Gefühle kommen im gehörten Klang zum Ausdruck. Es wäre phantastisch, wenn jeder selbst seine meditierten Klänge zu Gehör bringen könnte und Wünsche in Klänge übersetzen könnte. Das gelingt aber den wenigsten, so daß die Meditierenden zumindest im Bereich der Musik auf inspirierte Komponisten zurückgreifen müssen und deren Musik zur synergetischen Verstärkung eigener meditativer Erlebnisse nutzen können.

Meditation zu ausgewählter Musik

Musik können Sie auf unterschiedliche Weise hören. Sie können einen Klang, der von einer Schallquelle ausgeht, wahrnehmen und neutral oder kritisch beurteilen. In solchen Fällen findet die Musik keinen aufnahmebereiten Resonanzboden auf Ihrer Gefühlsebene. Es besteht eine Distanz zur Musik, sie gelangt nicht ins Innere. Musik, die positive Gefühle auslöst, ist in Ihnen auf Resonanz gestoßen. Sie werden dieser Musik gerne Eingang in Ihre Gefühlswelt gewähren und ihr weitere Resonanz in Ihrem Inneren verschaffen. Die Musik kann Ihre eigene Resonanz, Ihre eigenen Schwingungen verstärken und die damit verbundenen Empfindungen intensivieren.

● Dies gilt für jede Art von Musik, die Sie mit »Leib und Seele« hören, in die Sie sich vertiefen. Jede Musik, die Sie emotional berührt, können Sie als Katalysator für meditative Erfahrungen einsetzen. Die Musik führt Sie in tiefere Schichten Ihres Selbst, sobald Sie vom Hören mit dem äußeren Ohr auf das Hören mit dem inneren Ohr übergehen. Dann erklingt die Musik in Ihnen, der äußere Ton wird schwächer, Sie nehmen ihn schließlich nicht mehr wahr. Damit dieses Ausblenden der Schallquelle erleichtert wird, sollte die Musik leise eingespielt sein; ansonsten kann sie zum Störfaktor für Ihre weitergeführte Meditation werden.

● Wollen Sie Ihnen unbekannte oder wenig bekannte Musik in einer Meditation verwenden, dann hören Sie sich die Musik vorher zunächst mit kritischem Ohr an. Erkunden Sie, ob die Musik Ihnen prinzipiell zusagt oder ob sich etwas in Ihnen dagegen sträubt. Kommen abrupte Veränderungen der Lautstärke, der Dynamik oder der Tonhöhen vor? Sollten solche die Meditation behindernden Effekte auftreten, verwenden Sie eine besser geeignete Musik.

● Zur Meditation geeignete Musik berührt Sie in Ihrem Inneren, Sie spüren eine positive Resonanz. Ist diese Grundvoraussetzung erfüllt, sollte zusätzlich gewährleistet sein, daß möglichst geringe Schwankungen der Lautstärke, der Dynamik und der Tonhöhen in dem Musikstück auftreten. Meditationsmusik braucht nicht tieftonig oder langsam gespielt zu sein, wie es viele vermuten. Mit tiefen Tönen können Sie Entspannungsgefühle, runde, harmonische Formbildungen und dunklere Farbtöne gut unterstützen. Das kann ein Meditationsziel sein. Meditation bezieht sich auf das ganze Spektrum des Seins, wozu auch kantige Formen, helle Farbtöne, offene Fragen und Erkundungen in unbekanntem Terrain gehören.

Meditationsfördernde Musik

Inzwischen gibt es eine Vielzahl von Musikproduktionen mit meditativer Musik. Damit Sie sich einen Eindruck verschaffen können, finden Sie weiter unten einige für die autogene Meditation besonders geeignete Veröffentlichungen. Aus den Titeln der Stücke läßt sich meist schließen, welche Art von Musik zu erwarten ist bzw. welche meditative Richtung gefördert werden soll.

● Die CD »Relax« (Mentalis, Essen) von Martin Buntrock ist nach dem englischen Wort für Entspannung benannt. Der Titel »Island« (Insel) wurde speziell zur Begleitung des autogenen Trainings verfaßt. Sanftes Meeresrauschen begleitet die ruhegetönte Musik. Von M. Buntrock liegen weitere entspannungs- und harmoniefördernde CDs vor, die nach ihrem jeweiligen Motto benannt sind: Meer, Phantasie, Wolkengang und Harmonie. (Bezug: M. Buntrock, Braunsfelder Allee 18, 46286 Dorsten)

Mit dem Titel »Angel Love« (Oreade Music) ist Aeoliah eine engelhafte, sanft schwebende Musik gelungen.

Von Kitaro stammt »Silk Road« (ERP, München). Sie beinhaltet eine sanfte musikalische Berührung auf der Seidenstraße.

Paul Horn spielt »Inside the Great Pyramid«, (ERP, München). Die mystischen Klänge, die in der Pyramide von Gizeh aufgenommen wurden, eignen sich besonders zur Unterstützung der Meditation geometrischer Formen.

Gomer Evans gelang es mit »Wings« (MVG, Landsberg), die Leichtigkeit »des Flügelschlags der Seele« zu vermitteln.

Außer dem Japaner Kitaro wurden bisher europäische Musiker genannt. Die in Europa gebräuchlichen Harmonien entsprechen unseren Hörgewohnheiten mehr als die fernöstlichen. Es ist keine Eingewöhnung an östliche Harmonik notwendig. Wer die Eingewöhnung nicht scheut und die östliche Meditationsmusik als meditationsfördernd erlebt, kann auch Chorgesänge tibetischer Mönche oder indische Sitarklänge verwenden. Den Gesängen der buddhistischen Mönche entsprechen im hiesigen Kulturkreis die gregorianischen Gesänge. Dem Sitar entsprechen Saiteninstrumente mit sonorem Ton. Den westlichen Hörgewohnheiten angepaßte östlich inspirierte Musik hat Oliver Shanti (Sattva, Schliersee) vorgelegt.

Westliche und östliche Meditationsmusik verlegt der Bell-Musikverlag in Aichtal. Dort sind auch Sampler unter dem Titel »Musik zum Entspannen und Träumen« erschienen. Von Lama Gyurmé stammt die östlich inspirierte CD »Die Stimme der Stille«, die bei Sony Music erschienen ist.

Eine Reihe klassischer Musikstücke eignet sich zur Einleitung oder Begleitung der Meditation. Hier sind vor allem zu nennen: Das »Adagio g-Moll« von T. Albinoni, »Air« von J. B. Bach, die »Mondscheinsonate« von L. v. Beethoven oder die »Träumerei« von R. Schumann.

Die populäre Musik hat Werke hervorgebracht, die sich zu bewußtseinserweiternder Meditation eignen: »Nights in White Satin« von Moody Blues, »Shine on You Crazy Diamond« von Pink Floyd und Hymnen der Popmusik von Enigma oder Vangelis. (Aktuelle Musikkataloge, auch auf CD-Rom, bietet JPC, 49111 Georgsmarienhütte.)

Nachdem Sie eine passende Musik ausgewählt haben, kann die Musikmeditation beginnen.

Übung

Autogene Musikmeditation

Einleitung

Ich wähle einen angenehmen Ort und nehme eine lockere Haltung ein ...
Ich stelle mich auf Entspannungsübungen ein und anschließend auf frühere Meditationselemente ...

Meditation zu einem Musikstück

Ich höre meine ausgewählte Meditationsmusik …
Ich höre die Klänge …
Die Klänge berühren mich …
Mein Gefühl antwortet …
Meine innere Wirklichkeit öffnet sich …
Ich nehme die Klänge in mich hinein …
Ich begreife die Klänge …
Ich spüre die Resonanz der Klänge in mir …
Ich bin von Klängen erfüllt …
Ich fühle mich von Klängen getragen …
Die Klänge entwickeln sich weiter …
Die Klänge bewegen mich …
Ich bin mit den Klängen in Bewegung …
Ich bin Klang …

Ausklang

Ich beende meine Klangreise, indem ich zum Ausgangspunkt
zurückkehre …
Ich bin dankbar für meine Erfahrungen …
Ich aktiviere wie gewohnt.

Nachbetrachtung   Hatten Sie ein passendes Musikstück gewählt? Konnten Sie die Klänge in sich aufnehmen? Spürten Sie
die Resonanz in Ihrem Inneren? Entwickelte sich eine Klangreise?

Meditative Musik im Überblick

Für Ihre Klangmeditation bieten sich zusammengefaßt die folgenden Musikrichtungen an:

- alte europäische Musik, z. B. gregorianische Gesänge, Albioni:
  »Adagio«, oder Bach: »Air«

- alte asiatische Musik, z. B. Mantra-Rezitationen oder Gesänge
  buddhistischer Mönche

- klassische europäische Musik, z. B. Beethoven: »Mondscheinsonate« oder Debussy: »Claire de lune«

- klassische asiatische Musik, z. B. Tabla- und Tamburaklänge oder Debu Chaudhuri mit Sitarklängen

- neuere europäische Meditationsmusik, z. B. Buntrock: »Relax, Meer, Phantasie, Wolkenflug«; Aeoliah: »Angel Love«; Evans: »Wings«; Manelli/Goldman: »Sky Dreams« oder Horn: »Inside the great Pyramid«

- neuere asiatische Musik, z. B. Kitaro: »Silk Road« oder Gyurmé mit Mantra-Musik zur Begleitung der Meditation.

- ausgewählte Popmusik, z. B. Pink Floyd: »Wish You Were Here« oder hymnische Musik verschiedener Interpreten

Zusammenfassung

Die autogene Klangmeditation im Überblick

- Sie können sich auf innere Schwingungen und Klänge einstimmen.
- Sie können Ihren Eigenton erfahren und wahrnehmen.
- Sie können inneren Klängen in Tönen Ausdruck verleihen.
- Sie können Klangbilder erleben und ertönen lassen.
- Sie können Buchstaben und Mantras als Klang ausdrücken.
- Sie können sich in Herzschlag und Atemrhythmus vertiefen.
- Sie können zu geeigneten Musikstücken meditieren.
- Sie können Musik reflektieren.
- Sie können Musik als Katalysator innerer Klänge nutzen.
- Sie können eine Klangreise antreten.
- Sie können sich als Klang begreifen.

Autogene Begriffsmeditation

Sie kennen inzwischen das Vorgehen in der autogenen Meditation, so daß sich erneute technische Hinweise oder weltanschauliche Darlegungen erübrigen. Die Ausführungen in den vorangegangenen Kapiteln gelten auch für die Begriffsmeditation.

● Im Gegensatz zur Formmeditation, bei der es sich um konkrete, faßbare Gegenstände wie Dreieck oder Schale handelte, geht es in der Begriffsmeditation um abstrakte Gegenstände bzw. Begriffe wie »Freude« oder »Gerechtigkeit«.

● Die Begriffsmeditation befaßt sich mit abstrakten Gegenständen aus den Bereichen der Vorstellungen, der Ideen und der Gefühle, sie verwendet Symbolbegriffe wie »Brücke« oder »Weg«. Symbole sind Bilder oder Zeichen, wie z. B. das Kreuzzeichen, die etwas nicht Greifbares faßbar machen sollen. Sie nutzen die innere Bildsprache, die Bildausdrucksweise des Menschen.

Vor dem Hintergrund von Symbolbegriffen wie »Weg« oder »Harmonie« sind meditative Erfahrungen zu erwarten. Mit kaufmännischen oder technischen Begriffen wie Zinseszins oder Schraubendreher ist der analysierende linke Hirnbereich angesprochen, nicht der synthetisierende rechte Bereich. Ein Gleichklang mit der emotional ausgerichteten rechten Gehirnhälfte dürfte bei technischen Begriffen schwerfallen, ebenso eine ganzheitliche Sicht des Seins und tiefgehende Einsicht.

Sie werden vielleicht einwenden, daß alle Wortprägungen aus einer Verstandesleistung hervorgehen. Das ist richtig. Menschen vereinbaren und benutzen Bezeichnungen für Dinge, um sich im Alltag verständigen zu können. Dabei handelt es sich weitgehend um eine Angelegenheit des linken Gehirnbereichs. Die Menschen haben zudem die Fähigkeit, innere Vorgänge wie Ideen oder Gefühle in Worte zu fassen. Die rationale Intelligenz verbindet sich mit der emotionalen Intelligenz. Die unterschiedlichen Fähigkeiten des Menschen können bei der Wortbildung und beim Wortgebrauch zum Einsatz kommen. Die logische Fähigkeit zeigt sich z. B. in Begriffen wie »Zinseszins« oder »Abstraktion«. Die emotionale Fähigkeit zeigt sich z. B. in Begriffen wie »Erleben« oder »Zusammengehörigkeitsgefühl«. Das Zusammenwirken des Hör- und Sehsinns findet sich in der Klangfarbe und im Farbton vereint. Besonders beliebt sind bildhafte Begriffe wie »zuwenden« oder »liebevoll«, bei denen die Bildhaftigkeit kaum noch gesehen wird.

Auf der vorsprachlichen Ebene spielen Bilder eine große Rolle. Vorstellungen und Erleben spielen sich meist in Bildern ab. Somit ist es kaum erstaunlich, in vielen Begriffen direkte oder indirekte Bilder zu finden, etwa das Bild »Griff« in Begriff. »Be-greifen«, »an-greifen«, »um-greifen« bedeutet auch »an-fassen«, und zwar »um-fassend«.

Meditation zu einem frei auftauchenden Begriff

Begriffe sind in Sprachform gefaßte innere Vorgänge. Mit Begriffen lassen sich innere Vorgänge in Gang setzen. Begriffe lassen sich auch mit individuellem Bedeutungsgehalt speichern. Diese beiden Möglichkeiten, innere Vorgänge mit Begriffen auszudrücken bzw. anzuregen, nutzen Sie in der Begriffsmeditation.

● Bitte beachten Sie, daß Sie keine Begriffe mit dem Verstand suchen sollen. Lenken Sie vielmehr Ihre Aufmerksamkeit nach innen, und lassen Sie Begriffe auftauchen, die dort irgendwo ruhen. Als bildhafte Unterstützung könnten Sie sich in Ihrem Inneren einen See vorstellen, aus dem ein bedeutsamer Begriff auftaucht. Sollte kein Begriff erscheinen, lassen Sie einzelne Buchstaben auftauchen, die sich wie in einem Puzzle zu einem Begriff zusammenfügen.

Übung

Autogene Meditation zu einem frei auftauchenden Begriff

Einleitung

Ich wähle einen ruhigen Platz und eine lockere Haltung ...
Ich beginne mit meinen Entspannungsübungen ...
Ich stelle mich auf frühere Meditationsschritte ein ...

Einen Begriff von innen her auftauchen lassen

Ich lenke meine Aufmerksamkeit nach innen …
Meine innere Wirklichkeit öffnet sich …
In meinem Inneren entwickelt sich ein Begriff …
In meinem Inneren taucht ein Begriff auf …
Vor meinem inneren Auge zeigt sich ein Begriff …
Ich betrachte den Begriff, seine Erscheinungsform …
Ich erkunde die Umgebung des Begriffs …
Der Begriff verschafft sich Ausdruck …
Ich nehme den Begriff wahr …
Ich spüre den Begriff …
Ich erlebe den Begriff …
Ich bin eins mit dem Begriff …

Ausklang

Der Begriff und die übrigen Wahrnehmungen treten zurück,
werden schwächer, verschwimmen und lösen sich auf …
Ich bedanke mich für meine Erfahrungen …
Ich komme zurück zum Hier und Jetzt.

Nachbetrachtung   Konnten Sie Begriffe bzw. Buchstaben sehen
oder spüren? Entsprach die Wahrnehmung Ihren Erwartungen?
Waren Sie erstaunt? In welcher Form zeigte sich ein Begriff?
Veränderte er sich? War ein Bild vorhanden? Wurde das Bild
von einem Begriff geprägt, oder erzeugte das Bild einen Begriff?
Wie entwickelte sich Ihr Erleben weiter?

Fallbeispiel

**Ein kaufmännischer Angestellter berichtet von seiner
Begriffsmeditation**

»Ich horche in mich hinein, dabei bemerke ich meinen Atem
und meinen Herzschlag. Ich sage mir wiederholt wie im autogenen Training: ‚Vor meinem inneren Auge entsteht ein Begriff,
ich sehe den Begriff.‘ Aber ich sehe kein Wort, sondern sich hin-
und herbewegende Zacken, wie Bergspitzen, die sich wie Säge-

blätter im Rhythmus bewegen. Hinter den Zacken liegt ein Wort, das ich aber nicht erkennen kann, weil die Zacken sich immer darüber hinwegschieben. Ich versuche, das Wort zu erkennen, aber es gelingt mir nicht. Je mehr ich mich anstrenge, um so milchiger wird das, was ein Schriftband sein könnte, hinter den Berggipfeln. Ich schweife ab und höre in der Ferne leise Autogeräusche, ein Motorrad fährt vorbei, eine Kreissäge ist hörbar. Die Säge erinnert mich an das Bild der Säge in meiner Meditation, und ich kehre zurück zu meinem Bild. Es ist jetzt undeutlicher und wird dunkler, wie am Abend. Ich kann kaum noch etwas erkennen. Ich probiere, durch die Dunkelheit hindurchzusehen – das war mir schon einmal gelungen, aber diesmal klappt es nicht. Ich ertappe mich bei meinen Bemühungen und begreife, daß mich das nicht weiterbringt. Ich will die Übung schon beenden, als in diesem Moment mein Blick am Berg entlang nach unten gleitet. Je näher ich dem Tal komme, um so heller wird es. Mein Blick landet bei einer Blume, die im Morgentau langsam ihre gezackten Blütenblätter öffnet. In jedem Blütenblatt sehe ich innen einen Buchstaben eingeprägt: F – R – I – E – D – E – N. Das Wort heißt ‚Frieden'. Nach meinem ersten Erstaunen werde ich ganz ruhig. Meine Blume neigt sich mir zu, als wenn sie mir sagen wollte: ‚Warum hast Du mich so lange warten lassen? Hier bei mir findest Du Deinen Frieden – nicht da oben.' Ich bin eigentümlich erleichtert und leicht, fast schwerelos, natürlich auch nachdenklich mit meinen neuen Erfahrungen.«

Kommentar Der eindrucksvolle Erlebnisbericht soll nicht analysiert werden, er soll für sich sprechen. Deutungsversuche könnten die zarte innere Wirklichkeit an ihrem Offenbar-Werden hindern. Die auftauchenden Bilder sind oft von ganz persönlicher Bedeutung und situativ angeregt, wie das Bild der Sägeblätter anscheinend von einer Kreissäge. Man könnte bei einer analytischen Betrachtungsweise fragen, warum gerade das Geräusch einer Kreissäge die inneren Bilder beeinflußt hat und nicht die vorbeifahrenden Autos oder das Motorrad. Solchen und anderen Fragen könnte man in einer tiefenpsychologisch orientierten Oberstufenarbeit zusammen mit einem feinfühligen Psychotherapeuten nachgehen. Auf dem analysierenden Weg bleibt man aber im Teilbereich der bloßen Kenntniserweiterung. Man bleibt dem psychophysischen Sein verhaftet und behindert damit das Voranschreiten zu Einsichten in höheres, metaphysisches Sein.

Eigenbegriff

Im vorangegangenen Erlebnisbericht haben Sie u. a. gehört, wie der Einsatz des Verstandes meditative Erfahrungen und Einsichten behindert. Beachten Sie dies besonders bei der Erkundung Ihres Eigenbegriffs. Wie die Eigenfarbe und die Eigenform läßt sich der Eigenbegriff nicht herbeizitieren. Der Begriff, der häufiger auftaucht, dominant erscheint, ein inneres Gefühl der Zugehörigkeit, ein Gefühl der Verwandtschaft oder Nähe in Ihnen auslöst, dieser Begriff kann Ihr Eigenwort sein.

Eigenbild

Es kann sein, daß sich Ihr Eigenbegriff nicht auf der Abstraktionsebene der Worte, sondern als Bild zeigt. Für das Eigenbild gelten die gleichen Kriterien wie für den Eigenbegriff. Das Eigenbild ist wahrscheinlich noch stärker emotional besetzt als der Eigenbegriff.

Meditation zu einem Symbolbegriff und zu einem Symbolbild

Es lohnt sich, Begriffe oder Bilder, die häufiger auftauchen, gezielt zum Gegenstand der autogenen Meditation zu machen. Sie können dann die Umgebung der Begriffsbilder erkunden. Steht das Begriffsbild wie ein Ausstellungsstück vor einem neutralen Hintergrund? Steht es wie ein Fels in der Brandung? Ist es klein und unscheinbar, oder ist es groß und übermächtig? Steht es fest wie auf einem Plakat, oder ist es in Bewegung, wie auf einer wehenden Fahne vorangetragen?

Schauen Sie das Umfeld Ihres Begriffs an. Die Umgebung der Begriffe, wie »Berg« oder »Mitmenschlichkeit« kann Hinweise auf eine eventuelle tiefere Bedeutung des Begriffsbildes geben. Eventuell auftauchende weitere Bilder, wie die Blume am Fuße des Berges, können auf Bedeutungen hinweisen. Bedeutsame Begriffsbilder verstärken die emotionale Bewegtheit. Persönlich bedeutsame Lebensinhalte und Gefühle zeigen sich in der autogenen Meditation bevorzugt in symbolischer Form. Symbole veranschaulichen die inneren Wirklichkeiten.

Die folgenden Bilder zeigen sich in der autogenen Meditation häufig mit symbolischer Bedeutung:

- Fenster
- Tür
- Haus
- Weg
- Berg
- Meer
- Bach
- Brücke
- Licht

Eine Zusammenstellung möglicher Symbolbedeutungen folgt nach der nächsten Meditation. Die für Sie persönlich zutreffenden Bedeutungen erfahren Sie am besten in der eigenen Symbolmeditation.

Übung

Autogene Symbolmeditation

Einleitung

Ich suche einen ruhigen Ort auf und nehme eine lockere Haltung ein …
Ich beginne mit meinen Entspannungsübungen …
Ich wende mich einem mir bereits bekannten Meditationsthema zu …
Ich wähle für meine Meditation einen Begriff,
z. B. den Begriff »Brücke« …

Symbolmeditation

Ich öffne mich meiner inneren Wirklichkeit ...
In meinem inneren Auge entwickelt sich ein Begriff ...
Ich erlebe den Begriff »Brücke« ...
Ich spüre den Begriff »Brücke« ...
Ich sehe den Begriff »Brücke« ...
Ich betrachte das Bild »Brücke« ...
Ich vertiefe mich in den Begriff und in das Bild »Brücke« ...
Ich erlebe die Funktion der Brücke ...
Ich erlebe, wie die Brücke verbindet ...
Ich erlebe mich in Verbindung ...
Ich bin in Verbindung ...

Ausklang

Ich lasse meine Erfahrungen nachklingen ...
Ich bin dankbar für die Erfahrungen ...
Ich komme zurück zum Hier und Jetzt.

Umgang mit Symbolinhalten

Manchmal fällt es schwer, dem persönlichen Symbolgehalt eines ausgewählten Begriffs nachzuspüren. Leichter ist es, wenn Sie sich an Erlebnisse, etwa an Träume, erinnern, in denen die Brücke oder der Berg als Symbol erschienen sind. Solche Erinnerungen können den Symbolweg in der Oberstufe bahnen.

Mögliche Bedeutungen der in der autogenen Meditation häufiger aufgerufenen Symbole sind in der folgenden Liste zusammengestellt.

Bedeutungen von Symbolen
Definition: Symbole sind Bilder oder Gegenstände, die zur Veranschaulichung innerer Vorgänge dienen. Die Bedeutungen sind weitgehend kollektiver Natur, jedoch von individuellen Erfahrungen und situativen Gegebenheiten beeinflußt.

- *Fenster:* Beziehung zur Umwelt, Verbindungsstelle zwischen innen und außen, Einblicke und Ausblicke, Licht strahlt nach innen, der geschützte Blick geht nach draußen

- *Tür:* Schwelle zwischen innen und außen, Barriere bei verschlossener Tür, Eröffnen von unbekannten Bereichen

- *Weg:* Wanderschaft, auf dem Weg sein, etwas bewegen, Lebensweg

- *Blume:* Zartheit, Weichheit, Schönheit, Lebensentfaltung

- *Bach:* Fließen der Gefühle, loslassen, treiben lassen, Lebensfluß

- *Brücke:* Übergang, Verbindung, Versöhnung, Ausgleich

- *Meer:* Kraft, Gewalt, Nahrung, Mutter, Uranfang, kollektives Unbewußtes

- *Berg:* Verbindung zwischen Himmel und Erde, Schutz, Hindernis

- *Licht:* Leben, Wissen, Wahrheit, Klarheit, Bewußtsein, Freude, Hoffnung, Licht am Ende des Tunnels, Transzendenz

- *Atem:* Leben, Odem, Seele

- *Angstbild:* Unsicherheit, Zweifel, Hemmungen bezüglich des dargestellten Themas

Begriffe und Bilder mit ängstigendem Inhalt

Sollte ein Begriff oder ein Bild auftauchen, das Sie ängstigt, nehmen Sie zunächst genügend räumlichen Abstand. Lassen Sie den Begriff oder das Bild in den Hintergrund treten. Es kann kleiner oder schwächer werden, wie Sie das vom Ausklang der autogenen Meditation her kennen. Das Bild soll aber nicht weggedrängt oder gar verdrängt werden. Aus sicherer Entfernung ist es einfacher, sich das Thema bzw. das Bild anzuschauen. Sie können in der Meditation nachschauen, wo die Gründe für eventuelle Unsicherheiten, Zweifel oder Hemmungen bezüglich des Themas liegen. Falls bedrängende Gefühle sich nicht in der Meditation glätten und mittelfristig bestehen bleiben sollten, ist psychotherapeutische Hilfe angeraten.

Vorher können Sie einige Male zu den Hintergründen Ihrer Angst meditieren: Meditieren Sie zu den Begriffen »Unsicherheit« und »Sicherheit«, und erfahren Sie, in welchem Bereich Unklarheiten bestehen. Meditieren Sie zu den Begriffen »Zweifel« und »Klarheit«: Sie erfahren vielleicht etwas über die geistigen oder seelischen Beschränkungen, die Sie sich auferlegt haben. Meditieren Sie zu den Begriffen »Hemmung« und »Lösen« oder »Fließen«: Sie erfahren eventuell Genaueres über die seelischen Korsetts, in die Sie sich gezwängt haben.

Begriffe und Bilder zur Selbsterkundung und Selbstbeeinflussung
Meditation von Gegensatzpaaren, wie das gerade erwähnte »Zweifel und Klarheit«, können dazu beitragen, Extreme zu relativieren und geradliniger zu schauen. Begriffe oder Bilder, mit denen Sie Stimmungen und Zielrichtungen bezeichnen, tragen zur Selbsterkenntnis und Selbstbeeinflussung bei. Die folgenden Begriffe lassen sich als Wort oder mit einem zugehörigen Bild zur erkundenden und selbstbeeinflussenden Meditation verwenden:

- Ruhe, Aktivität, Gelassenheit, Ausgeglichenheit
- Leben, Angst, Wut, Gerechtigkeit, Freiheit, Glück
- Zuwendung, Hingabe, Vertrauen, Urvertrauen, Zufriedenheit
- Raum, Zeit, Erkenntnis, Einsicht, Einheit, Harmonie

Meditation zu einem ausgewählten Begriff

Für die folgende Meditation wählen Sie sich einen Ihnen wichtig erscheinenden Begriff. In der Meditation rufen Sie den Begriff auf. Lassen Sie die Ausbreitung des Begriffs in tiefere Schichten Ihrer Person zu. Ihre innere Wirklichkeit wird sich wahrscheinlich in bildhafter Darstellung zeigen.

Autogene Begriffsmeditation

Einleitung

Ich wähle einen angenehmen Ort, ich nehme eine lockere
Haltung ein ...
Ich stelle mich auf meine Entspannungsübungen ein ...
Ich stelle mich auf bereits bekannte Meditationselemente ein ...
Ich wähle einen mir bedeutsamen Begriff ...

Meditation zu einem bedeutsamen Begriff

In meinem inneren Auge entwickelt sich ein Begriff ...
Ich sehe den Begriff, z. B. den Begriff »Harmonie« ...
In meinem inneren Auge entwickelt sich ein Begriff,
ich höre Harmonie ...
In meinem inneren Auge entwickelt sich ein Begriff,
ich spüre Harmonie ...
In meinem inneren Auge entwickelt sich ein Begriff,
ich genieße Harmonie ...
In meinem inneren Auge entwickelt sich ein Begriff,
ich erlebe Harmonie ...
In meinem inneren Auge entsteht zum Begriff ein Bild,
ich erlebe Harmonie ...
Begriff und Bild breiten sich in mir aus ...
Harmonie durchströmt mich ...
In mir ist Harmonie ...
Ich bin erfüllt von Harmonie ...
Ich bin Harmonie ...

Ausklang

Ich bewahre meine Harmonie ...
Ich schalte um zum Hier und Jetzt ...
Ich aktiviere wie gewohnt.

Beglückende Daseinserfahrungen, wie das Erleben von Harmonie, brauchen Sie zum Ausklang der autogenen Meditation nicht zurücktreten zu lassen. Leben Sie einen Teil der inneren Harmonieerfahrung in den Alltag hinein. Es wird eine beglückende Mischung von Sanftheit und Kraft sein, wenn sich die innere Harmonie nach außen wendet.

Zusammenfassung

Die autogene Begriffsmeditation im Überblick

- Sie können einen beliebigen Begriff oder eine Buchstabenkette vor Ihrem inneren Auge aufsteigen lassen und sich in diese vertiefen.

- Sie können Ihren Eigenbegriff erfahren und erkunden.

- Sie können Ihr Eigenbild erfahren und erkunden.

- Sie können zu Begriffen mit Symbolgehalt meditieren.

- Sie können zu Begriffsbildern mit Symbolgehalt meditieren.

- Sie können zu Begriffen mit emotionalem Gehalt meditieren.

- Sie können zu Begriffsbildern mit emotionalem Gehalt meditieren.

- Sie können zu Begriffen meditieren, die Ihnen Zielrichtungen vorgeben.

- Sie können zu Begriffsbildern mit gewünschten Zielrichtungen meditieren.

Autogene Personenmeditation

Bisher war die Person das Subjekt, welches Farben und Formen sehen, Klänge hören, Worte und deren Bedeutungen wahrnehmen kann. Nun könnte man meinen, in der Personenmeditation würde das Subjekt zum Objekt der Betrachtung. Das trifft für die eigene Person nicht zu, wohl für andere Personen. Die eigene Person ist und bleibt das Zentrum des Erlebens, sogar für jeden einzelnen das Zentrum des Universums. Jede einzelne Person ist als Subjekt das Zentrum und zieht in der Welt ihre Kreise. Der persönliche Horizont reicht so weit, wie das Individuum sehen, riechen, hören, wahrnehmen, denken und fühlen kann. Diese Horizonte des Subjekts sind subjektiv. Mit geistigen Experimenten versucht das Subjekt nicht nur die Objekte seiner Umgebung, sondern auch die eigene subjektive Sicht zu objektivieren. Dieses Bestreben ist bei den vorrangig rational ausgerichteten Menschen im Westen besonders stark ausgeprägt. Die Menschen im asiatischen Raum sehen sich eher als Teil der Welt, als ein Sandkorn im Universum. Bei dieser Sichtweise erübrigt sich die Trennung in Subjekt und Objekt. Nicht das Haben, sondern das gemeinsame Sein im Universum entspricht der universellen Einheit.

Diese Gedankengänge, die Sie nicht analysierend zu durchpflücken brauchen, sollen Sie ein wenig auf die Sichtweise in der autogenen Personmeditation vorbereiten.

Meditation zu einer spontan auftauchenden Person

Als ersten Schritt in der autogenen Personenmeditation lassen Sie eine beliebige Person vor Ihrem inneren Auge oder im inneren Auge erscheinen. Wenn die Person vor dem inneren Auge auftritt, betrachten Sie die Person als ein von Ihnen getrennt existierendes Wesen. Wenn Sie die Person in Ihrem inneren Auge, d. h. in Ihrem Inneren wahrnehmen, ist diese Person mit Ihrer eigenen Person verbunden, sie ist in Ihnen präsent. Das gleiche gilt für weitere Lebewesen und Gegenstände, die mit dem Betrachter emotional verbunden sind, wie z. B. dem umhegten Haustier, der Lieblingstasse oder dem erlebnisbehafteten Schmuckstück. Meist ist das Verbundenheitsgefühl mit der eigenen menschlichen Spezies am nachhaltigsten. Machen Sie Ihre eigenen Erfahrungen.

Autogene Personenmeditation

Einleitung

Ich suche einen ruhigen Platz auf und nehme eine lockere Haltung ein ...
Ich beginne mit meinen Entspannungsübungen ...
Ich stelle mich auf frühere Meditationsschritte ein ...

Beliebige Person auftreten lassen

Ich lenke meine Aufmerksamkeit nach innen ...
Ich öffne mich meiner inneren Wirklichkeit ...
In meinem inneren Auge entwickelt sich eine Person ...
In meinem inneren Auge erscheint eine Person ...
Ich sehe die Person ...
Ich betrachte die Person ...
Ich erlebe die Person ...
Ich spüre die Person ...
Ich spüre meine Beziehung zu der Person ...
Ich spüre meine Verbundenheit mit der Person ...

Ausklang

Die Person und die übrigen Wahrnehmungen treten zurück und verschwimmen wie von Nebel umhüllt ...
Ich bedanke mich für meine Erfahrung ...
Ich komme zurück zum Hier und Jetzt.

Nachbetrachtung War eine Person aufgetreten oder etwas anderes? War es eine bekannte oder eine unbekannte Person? Waren es flüchtige oder klare Bilder? War die Person vor oder in Ihrem inneren Auge? Hatten Sie intensive Erlebnisse oder sahen Sie eher neutrale Bilder? Spürten Sie Nähe oder Verbundenheit mit der wahrgenommenen Person? Welche Gedanken oder Gefühle tauchten auf?

Auftritt einer unbekannten Person

Vermutlich ist während Ihrer Meditation einer beliebigen Person eine Ihnen bekannte Person aufgetreten. Selbst wenn sie Ihnen fremd erschien, könnte es eine bekannte Person gewesen sein, die gleichsam inkognito aufgetreten ist. Ähnlich wie im Traum kann die erschienene Person in veränderter Umgebung, Kleidung, Aussehen oder verändertem Alter auftreten. Die Person kann auch symbolische Bedeutung haben oder anstelle der eigenen Person erscheinen. Personen, deren Gesichter nicht erkennbar sind, halten ihre Identität zurück. Es könnte sich in solchen Fällen um verdrängte Erlebnisinhalte handeln, die entpersönlicht ohne erkennbare Beziehung zur eigenen Person auftreten.

Fallbeispiel

Eine alleinerziehende junge Mutter berichtet von ihrer Personenmeditation:

»Ich sehe einen Marktplatz mit vielen Leuten. Einer nach dem anderen verläßt den Platz, bis nur noch eine Person mitten auf dem Platz steht. Die Person trägt einen langen, dunklen Mantel mit einer Kapuze – mittelalterlich sieht das aus. Ich stehe in meinen neuen Jeans und im Top am Rande des Platzes und sehe die Person, die mir den Rücken zukehrt. Ich habe keine Ahnung, wer das sein könnte. Es muß wohl ein Mann sein, denn er geht mit schwerem Schritt. Da ich von Natur aus neugierig bin, komme ich näher und gehe um ihn herum. Ich versuche, ihm ins Gesicht zu sehen, die Kapuze ist aber so weit heruntergezogen, daß nur das Kinn zu erkennen ist. Das Kinn ist spitz zugeschnitten, übertrieben spitz. Ich senke meinen Kopf etwas, um unter die Kapuze gucken zu können. In dem Moment schließt sich eine Gesichtsklappe wie bei einem Ritter. Die silbrige Klappe blitzt kurz auf und der Ritter ist verschwunden. Ich stehe geblendet auf dem Platz, mich fröstelt, ich fühle mich einsam. Als ich die Umgebung wieder wahrnehmen kann, sehe ich, wie die Menschen zurück auf den Platz kommen. Ich stehe in der Mitte. Es nimmt zwar keiner Notiz von mir, trotzdem bin ich der Mittelpunkt, zu dem die Leute sich hinbewegen. Wie eine Prozession ist das, würdig und ehrfürchtig ...«

Von einer späteren Meditation berichtet die junge Mutter:

»Ich wollte mich noch einmal auf den Ritter auf dem Marktplatz konzentrieren. Aber diesmal schwebt dort ein Astronaut – es könnte auch ein Wesen von einem anderen Stern sein – in silberner Kleidung mit Gesichtsglocke. Ich fühle mich enorm dahingezogen, es ist aber nichts Greifbares vorhanden. Die Person wird undeutlicher und immer kleiner, ich greife ins Leere. Da kommt von Ferne meine Tochter angelaufen und ruft: ,Weine nicht – ich hab' dich lieb!'

Nun begreife ich, daß ich tief drinnen immer noch der Liebe zu meinem geschiedenen Mann hinterherlaufe. Das wollte ich mir bisher nicht eingestehen. Nun werden mir seine Panzerung und Unwirklichkeit deutlich, und ich spüre, wer meine Liebe braucht und wo sie auch erwidert wird.«

Schauen statt suchen Es wäre vermessen, die autogene Meditation mit dem Ziel durchzuführen, Erkenntnisse oder Lösungen präsentiert zu bekommen. Sie brauchen zwar die Zielgedanken in Ihrer Meditation nicht so weit zurückzustellen wie etwa in der Zen-Meditation, aber bewußtes Suchen nach Erkenntnissen behindert die Meditation massiv. Je mehr Sie suchen, um so weniger gelingt Ihnen die Innenschau. Der Zwischenweg in der autogenen Meditation beinhaltet: sich öffnen, erkunden, schauen, d. h. sehen, hören, wahrnehmen, spüren, erleben. Eine nach innen gewandte Neugierde kann hilfreich sein.

Einstellung auf eine bestimmte Person

Personen, die früher spontan aufgetaucht sind, können Sie jetzt gezielt auftreten lassen. Das bietet sich an, wenn Sie sich über bestimmte Personen mehr Klarheit verschaffen wollen: Wie ist die Person in meinem Inneren repräsentiert? Befindet sich mein inneres Bild der Person im Widerspruch oder im Einklang mit der vom Verstand geprägten Beurteilung der Person? Unterschiedliche Innensicht und Alltagssicht von Personen treten in der Wahrnehmung von Mutter und Vater besonders häufig auf.

Im Inneren sind die Mutter und der Vater meist eine sichere Basis für das eigene Leben, obwohl es im Alltag zu Zerreißproben und Zwietracht mit den Eltern kommen kann. Diskrepanzen zwischen Innen- und Außenbild zeigen sich häufiger bezüglich der Personen, die für die Betroffenen eine emotionale Bedeutung haben. Das eingeprägte innere Bild der Person entspricht mitunter nicht dem aktuellen Verhalten der Person. Das Gefühl registriert das Ungleichgewicht als Disharmonie, der Verstand reagiert oft mit Rationalisierung und Schuldzuweisung an die andere Person oder an sich selbst. Wenn die im Innenbild gütige Mutter ein Verbot ausspricht, ist die entstehende innere Disharmonie stärker als bei einer im Innenbild strengen Mutter. Entsprechend sind der Ärger und die Schuldzuweisungen wegen vermeintlich unwiederbringlich verpaßter Chancen unterschiedlich. Wurde die andere Person im Idealbild überhöht, ist die Enttäuschung um so größer. Jemanden als fehlerlos oder perfekt zu idealisieren wäre eine solche Überhöhung. Eine Harmonisierung von Idealbild, Realbild und Eigenbild ist schwierig. Die autogene Meditation kann sie fördern.

Übung

Autogene Personenmeditation zu einer bestimmten Person

Einleitung

Ich suche einen ruhigen Raum auf und nehme eine lockere Haltung ein …
Ich beginne mit meinen Entspannungsübungen …
Ich wende mich einem mir bereits bekannten Meditationsthema zu …
Ich wähle für die folgende Personenmeditation z. B. das Thema oder das Bild »Mutter« …

Personenmeditation

Ich öffne mich meiner inneren Wirklichkeit …
In meinem inneren Auge erscheint eine Person …
Ich sehe das Bild meiner Mutter …
Ich sehe meine Mutter …

Ich betrachte meine Mutter ...
Ich erlebe meine Mutter ...
Ich spüre meine Mutter ...
Ich sehe das überdauernde Bild meiner Mutter ...
Ich sehe mein inneres Bild von »Mutter« ...
Ich erlebe meine Mutter als Teil meines Selbst ...
Ich erlebe die mütterlichen Anteile in mir ...
Ich erlebe Harmonie ...

Ausklang

Ich lasse meine Erfahrungen nachklingen ...
Ich bin dankbar für meine Erfahrungen ...
Ich komme zurück zum Hier und Jetzt.

Die Mutter hat für jeden eine besondere Bedeutung. Es ist den meisten jedoch wenig bekannt, wie die Mutter innerlich repräsentiert ist. Die autogene Personenmeditation führt zu mehr Klarheit.
Die Personenmeditation können Sie auf jede beliebige Person anwenden. Bei bekannten und vermeintlich vertrauten Personen kann es leicht vorkommen, daß sich bislang unbekannte Anteile zeigen. Für die Personenmeditation kommen besonders die folgenden Bezugspersonen in Frage:

- Mutter, Vater
- Frau, Mann
- Schwester, Bruder
- Tochter, Sohn
- Freundin, Freund
- Partnerin, Partner
- Bekannte, Bekannter
- Nachbarin, Nachbar
- Kollegin, Kollege
- Mitbewohnerin, Mitbewohner

Zu all diesen Personen können Sie in der autogenen Personenmeditation erkunden, wie sie in Ihrem Inneren repräsentiert sind und welche Wirkungen sie in Ihrem Inneren ausüben. Oft wird sich die innere Wirkung von der äußeren unterscheiden.

Prototypen

Neben bestimmten Personen gibt es Personengattungen, wie z. B. Freunde oder Kollegen, die nicht von vornherein an eine bestimmte Person gebunden sind. Von solchen Prototypen haben Sie meist ein fertiges Bild, feste Vorstellungen und daraus resultierend bestimmte Erwartungen. Vorgeprägte Bilder bestehen besonders bei den Personengattungen:

- Frau und Mann
- Freundin und Freund
- Partnerin und Partner
- Kollegin und Kollege

Wahrscheinlich treten Ihnen beim Aufruf dieser Gattungsbilder bald bestimmte Vertreter der Gattung vor Augen. Es ist in Ordnung, wenn Sie zu der auftauchenden Einzelperson meditieren. Zusätzlich ist es erkenntnisreich, sich auch mit dem Bild des Prototypen zu beschäftigen. Wenn nämlich Ihr prototypisches Bild von einem Mann mit Härte verbunden sein sollte, werden Sie mit einem soften Typ, der Ihrem Bild des Mannes nicht entspricht, im Alltag mehr Kontaktschwierigkeiten haben als mit einem eckigeren Typ.

Einstellung auf mein Gegenüber

Eine besondere Rolle spielt die Meditation des anderen bzw. meines Gegenübers. Bei der Innenschau des anderen oder des Gegenübers zeigt sich nicht selten die andere, im dunklen liegende Seite der eigenen Person. Zur Erkundung können Sie innerhalb einer Meditation folgende Formulierungen verwenden:

Formulierungen zur Meditation über den anderen

Ich sehe den anderen ...
Ich sehe die andere ...
Ich sehe mein Gegenüber ...

Meditation zum eigenen Selbst

Nachdem Sie sich angeschaut haben, wie andere Personen in Ihrem Inneren repräsentiert sind, und bereits in Ihrem Gegenüber zu Ihrer eigenen Schattenseite meditiert haben, kommen Sie nun zur Meditation Ihrer eigenen Person, Ihres eigenen Selbst.

Manche haben eine unerklärliche Scheu, zur eigenen Person zu meditieren. Wahrscheinlich befürchten sie, mit dunklen oder unangenehmen Seiten ihres Selbst konfrontiert zu werden. Ergreifen Sie in solchen Fällen die Initiative, indem Sie sich sagen: ‚Dunkle Bereiche sollen ausgeleuchtet werden – in der Helligkeit bin ich handlungsfähig und kann mich in der Meditation um Harmonisierung kümmern.' Ihre andere Seite haben Sie bereits in der vorigen Meditation des anderen und Ihres Gegenübers kennengelernt, so daß in der folgenden Meditation diesbezüglich nichts grundsätzlich Neues zu erwarten ist. Ihr eigenes Selbst können Sie entweder als Person, als Sinnbild oder als Gefühl erleben.

Übung

Autogene Meditation zum eigenen Selbst

Einleitung

Ich suche einen angenehmen Ort auf und nehme eine lockere Haltung ein ...
Ich beginne mit meinen Entspannungsübungen ...
Ich wiederhole mir bereits bekannte Meditationsinhalte ...

Meditation des eigenen Selbst

Ich öffne mich meiner inneren Wirklichkeit ...
In meinem inneren Auge entwickelt sich ein Bild ...
Ich sehe mich ...
In meinem inneren Auge entwickelt sich ein Bild,
ich betrachte mich ...
In meinem inneren Auge entwickelt sich ein Bild,
ich erlebe mich ...

Vor meinem inneren Auge entwickelt sich ein Bild,
ich erlebe mich selbst …
In meinem inneren Auge erlebe ich mein Selbst …
In meinem inneren Auge erlebe ich mein wahres,
wunderbares Selbst …
In meinem inneren Auge erlebe ich Harmonie …

Ausklang

Ich lasse meine Erfahrungen nachklingen …
Ich bedanke mich für meine Erfahrungen …
Ich komme zurück zum Hier und Jetzt.

Wie hat sich Ihr Selbst dargestellt? Zeigte es sich als Person, als
Sinnbild oder als Gefühl? Vielleicht stehen Fragen an die eigene
Person oder an das Selbst im Raum. Im nächsten Kapitel können
Sie sich existentiellen Fragen zuwenden.

Zusammenfassung

Die autogene Personenmeditation im Überblick

- Sie können eine beliebige Person vor Ihrem inneren Auge auftreten lassen und erkunden.

- Sie können sich innerlich auf bestimmte Personen einstellen.

- Sie können sich eine Personengattung vor Auge führen
  (z. B. Ihr Bild von Kollegen).

- Sie können sich Ihr Gegenüber oder Ihre andere Seite vor Augen führen.

- Sie können sich innerlich auf Ihre eigene Person einstellen.

- Sie können Ihr eigenes Selbst erfahren.

Autogene Seinsmeditation

Die vorausgegangene Meditation einer Person und die meditative Einstellung auf das eigene Selbst haben wahrscheinlich einige Fragen aufgeworfen. Vermutlich fragen Sie sich, warum Sie in der autogenen Meditation Ihre Mitmenschen anders gesehen haben als im Alltag. Vielleicht haben Sie sich selbst in veränderter Form oder Umgebung gesehen und fragen sich, warum sich dieses bestimmte Erscheinungsbild offenbarte.

Sichtweisen des Seins

Sie werden versuchen, diese Fragen mit dem Verstand zu beantworten. Soweit dies möglich ist, können Sie das tun. Sie können sich etwa klarmachen, daß Personen Ihrer Umgebung in der autogenen Meditation nicht lediglich als Photographien auftauchen, sondern zeigen, wie die andere Person in Ihrem Inneren repräsentiert ist. Die Personen sind innerlich meist Anteile Ihrer Selbst und Ausdruck Ihrer reichen Gestaltungsvielfalt. Falls Ihre Mutter in Ihnen als Königin auftritt, ist die Mutter in Ihnen als Königin repräsentiert bzw. die königliche Seite in Ihnen. Die gestalterischen Ausdrucksmöglichkeiten in Symbolbildern sind schier grenzenlos, so daß es müßig ist, Symbol- oder Bedeutungslisten aufzustellen und auswendig zu lernen. Erleben Sie einfach in Ihrem Inneren, was das jeweilige Bild bedeutet. Das Nachspüren und Reflektieren ist auch sinnvoll, um keinen Trugbildern aufzusitzen. Die Abbildungen Ihres wahren Selbst unterscheiden sich von Trugbildern durch ihre innere Stimmigkeit und Harmonie.

● In der autogenen Seinsmeditation ist das eigene Sein das Thema der Meditation. Personen sind im eigenen Selbst repräsentiert, auch die eigene Person. Im Selbst treten die Mitmenschen meist nicht als Personen, sondern in Bildform oder als Idee auf. Die königliche Mutter könnte statt als Königin auch als Krone, Heiligenschein oder Lichtkugel erscheinen. Diese Ausdrucksformen könnten auch für andere Personen, Seinsbereiche oder Funktionen stehen. Die Lichtkugel könnte z. B. für den weisen Ratgeber stehen, Erkenntnis oder Hingabe bezeichnen oder als

Ziel fungieren. Der jeweilige Kontext der Wahrnehmungen zeigt die Art des Zusammenhangs.

Wenn auftauchende Bilder keine Resonanz in Ihnen auslösen, wenn Sie Ihnen »nichts sagen«, könnten Sie sich innerlich auf das Bild einstellen, eine Frage an das Bild oder die eigene Person auftauchen lassen. Mit der Frage können Sie sich dann meditativ dem Bild zuwenden.

Fallbeispiel

Ein Rentner berichtet:

»Mir erschien das wunderschöne Bild meiner viel zu früh verstorbenen Frau, wie ich sie am Hochzeitstag gesehen habe. Alles erstrahlte in Weiß. Das ganze Bild wurde immer heller, bis es plötzlich wie in einem Blitz zusammenfiel und eine gleißend weiße Wüstenlandschaft übrig blieb. Ich konnte mit dem Bild nichts anfangen, zumal ich meine Frau niemals mit einer trostlosen Wüste verglichen hatte. Ich versuchte, mit der Frage ,Warum?' eine Antwort zu erhalten. Es geschah aber nichts, außer daß das Bild der Wüste noch heller wurde. Ich erinnerte mich, daß ich auch eine offene Frage stellen kann und konzentrierte mich auf den Satz: ,Vor meinem inneren Auge entsteht eine Frage.' Die Wüstenoberfläche geriet ins Flimmern und Wirbeln, und im Flimmern tauchte die Frage auf: ,Worüber beschwerst du dich?' Ich griff die Frage auf und führte sie mir vor Augen. Die Frage wurde zu einem Gitter, dahinter erstrahlte meine Frau auf dem Lebensweg im Sommerkleid, im Hochzeitskleid, im Umstandskleid, in der Mutterrolle, in der Familienrolle, sie wendet sich zu mir, das Gitter löst sich auf, alles erstrahlt, alles löst sich in helles Licht auf. Es ist wie glückselige Einheit im Unendlichen. – Ich habe begriffen, daß wir weiter vereint sind. Das kann mir keiner nehmen, nicht einmal ich selbst. Eine wichtige Erfahrung.«

Dieser eindrucksvolle Bericht soll für sich sprechen. Deutungen und Kommentare erübrigen sich. Es sei lediglich daran erinnert, daß die Innenwelt viele Möglichkeiten hat, sich zum Ausdruck zu bringen. Wie Sie wissen, erhebt kein Bild den Anspruch auf allgemeine Gültigkeit. Jedes Bild illustriert einen Aspekt des individuellen Seins.

Wie Sie auch wissen, läßt sich das individuelle Sein entweder von einer subjektiven Person aus betrachten, dann wird das Sein zum Objekt, oder das Sein ist das Sein selbst, dann ist es weder Subjekt noch Objekt, dann ist es einheitliches, universelles Sein. Plastisch kommt dies im vorstehenden Erlebnisbericht zum Ausdruck: *»Es ist wie glückselige Einheit im Unendlichen.«*

Sichtweisen des Daseins in der Meditation

- **Kausale Sicht:** duale, bipolare Getrenntheitssicht
  Ein Subjekt nimmt ein Objekt wahr und identifiziert sich damit. Das bedeutet: Identifikation zweier Wesenheiten, die als solche getrennt bleiben.
- **Einheitliche Sicht:** unikale, unipolare Einheitssicht
  Das Selbst nimmt sich selbst als Bestandteil eines großen Ganzen wahr. Das bedeutet: Einheit allen Seins. Das Selbst macht keine Erfahrung, es *ist* Erfahrung.

Diese beiden Sichtweisen des Seins, die so schwer bzw. gar nicht zu begreifen sind, haben Sie bis hierhin begleitet. Im ersten Teil des Buches kennzeichneten die unterschiedlichen Sichtweisen des Seins einerseits den psychophysischen Erkenntnisweg und andererseits den metaphysischen Einsichtsweg (vgl. Tabelle 2, S. 55 f.: Zielrichtungen der autogenen Meditation).

Im zweiten Teil haben Sie sowohl die kausale als auch die einheitliche, holistische Meditation kennengelernt. Die Formulierung »Vor meinem inneren Auge ...« regt eher die ganzheitlich holistische Einheitssicht an, mehr noch die Formulierung »In meinem inneren Auge«. Sie haben auf kausaler und später auf ganzheitlicher Grundlage erste Erfahrungen mit diesen unterschiedlichen Sichtweisen des Seins gemacht. Nutzen Sie diese Erfahrungen bei Ihren weiteren autogenen Meditationen! Die Seinsmeditation führt auf dem holistischen Weg weiter.

Philosophische und spirituelle Tradition

Für die meisten Menschen im Westen ist der holistische Weg ungewohnt. Anders als im Osten, wurden im Westen seit Platon (428–348 v. Chr.) und Aristoteles (384–322 v. Chr.) die Naturgesetze und das Weltprinzip als kausal und mechanisch festgelegt. Alles wurde nach dem Ursache-/Wirkungsprinzip eingeordnet: Der Stein ist warm, weil die Sonne auf ihn scheint. Durch ständige Wiederholung solcher Kausalsätze gewöhnen sich die Menschen daran und glauben schließlich an Kausalverknüpfungen. Die Tatsachenfeststellung sollte ohne Kausalverknüpfung formuliert sein und lauten: Wenn die Sonne scheint, ist auch der Stein warm. Leibniz (1646–1716) und Kant (1724–1804) haben den menschlichen Geist vom Kausalitätsprinzip ausgenommen. Sie wollten den Widerspruch ausräumen, daß der freie Geist durch die Kausalgesetze festgelegt, also letztlich unfrei sei. Die Befreiung des Geistes von der Kausalgesetzlichkeit bezog sich aber lediglich auf eben den als frei hochstilisierten Geist, nicht auf den ganzen Menschen. Die menschliche Existenz sowie die gesamte Naturwissenschaft blieben weiterhin der kausalen Sichtweise unterworfen.

Den Menschen des asiatischen Kulturkreises scheint die holistische Sicht leichter zu fallen als den oft materialistisch orientierten in den westlichen Kulturen. Dem Osten ist zu wünschen, daß er seine holistische Weltanschauung im Zuge der Globalisierung nicht verliert. Dem Westen ist zu wünschen, daß sein Nachholbedarf an humanistischer Gesinnung und ganzheitlicher Weltsicht erfüllt wird. Da Globalisierung gegenseitige Befruchtung beinhaltet, wird die ganzheitliche Sichtweise im Westen weiter zunehmen. Dann wird die seinsverachtende Äußerung des Philosophen Bertrand Russel (*1872) über das Dasein nur noch den Historiker interessieren: »*Der Kampf ums Dasein ist nichts anderes als der Kampf um den Aufstieg.*«

● Von dieser und ähnlichen westlichen Sichtweisen des Seins erschreckt, bezeichnete der indische Gelehrte Swami Vivekananda (*1863) den Schriftsteller Walt Whitman (*1819) zu Beginn des 20. Jahrhunderts als weisen Amerikaner und zitiert aus dessen »Lied der offenen Straße«:

»Ich atme den Raum in großen Zügen ein,
Osten und Westen sind mein,
Und Norden und Süden sind mein.
Ich bin größer, als ich gedacht,
Ich wußte nicht, daß ich soviel Gut enthielt.«
(zit. von S. Nikhilananda: Vivekananda, München, 1972, S. 125)

Es mag sein, daß Vivekananda wegen des spärlichen holistischen Gedankengutes im Westen Mitte des 19. Jahrhunderts die
Einheitssicht seines Zeitgenossen überbewertet hat. Sicherlich
nicht überbewertet ist die Hochschätzung, die im Osten wie im
Westen dem Schriftsteller Hermann Hesse (*1877) für die ganzheitliche Sichtweise des Seins in dessen Werk »Siddharta« entge-
gengebracht wird. Bereits im 13. Jahrhundert hat sich der im
Osten hochverehrte Mystiker Meister Eckehart (*1260) zum
Thema »Mensch« und zum Sinn des Lebens geäußert:

»Ein Weiser wurde gefragt,
welches die wichtigste Stunde sei,
die der Mensch erlebt,
welches der bedeutendste Mensch,
der ihm begegnet,
und welches das notwendigste Werk sei.
Die Antwort lautet:
Die wichtigste Stunde
ist immer die Gegenwart,
der wichtigste Mensch
ist immer der, der dir gerade gegenübersteht,
und das notwendigste Werk
ist immer die Liebe.«
(zit. in: Vom Sinn des Lebens, Bern, o. J.)

Der heutige Dalai-Lama formuliert die Essenz in dem Satz:

»Meine Philosophie ist liebende Güte.«

Im Westen wurde ein Schuß Pragmatismus hinzugefügt, und
eine Formulierung unter anderen lautet:

»Der kürzeste Weg zum Herzen eines Menschen ist ein Lächeln.«

All dies sind Erkenntnisse, Einsichten und Lebenseinstellungen, die früher und heute gelebt wurden und als Anregungen für die Seinsmeditation dienen können.

Fragen an das Sein

Die vorgedachten Antworten auf Seinsfragen sind nicht bzw. noch nicht Ihre eigenen Antworten. Deshalb sollen Sie sich jetzt selbst existentiell und wesenhaft bedeutsamen Themen zuwenden. Sie können sich ihnen in Frageform nähern:

- Was ist in meinem Leben wichtig?
- Was ist in meinem Leben bedeutsam?
- Was ist in meinem Leben notwendig?
- Wie möchte ich sein?
- Was möchte ich verändern?
- Wer bin ich?
- Wer ist mein Gegenüber?
- Meine Weltsicht?
- Meine Seinssicht?
- Mein Lebenssinn?
- Der Lebenssinn?
- Mein Lebensziel?
- Das Lebensziel?
- Mein wunderbares Sein?
- Das wunderbare Sein?
- Mein nächster Schritt?
- Der nächste Schritt?

Sie können Ihnen bedeutsam erscheinende Fragen aus der Liste auswählen. Es ist dem individuellen Sein angemessener, Fragen frei auftauchen zu lassen.

Übung

Autogene Seinsmeditation

Einleitung

Ich wähle einen ruhigen Ort ...
Ich nehme eine lockere Haltung ein ...
Ich stelle mich auf Entspannungsübungen ein ...
Ich stelle mich auf frühere Meditationsschritte ein ...

Fragen an das Sein auftauchen lassen bzw. stellen

Ich lenke meine Aufmerksamkeit nach innen ...
Ich öffne mich meiner inneren Wirklichkeit ...
In mir entwickelt sich eine Frage ...
In mir zeigt sich eine Frage ...
Ich sehe die Frage ...
Ich betrachte die Frage ...
Ich erlebe die Frage ...
Ich spüre die Frage ...
Ich spüre meine Beziehung zur Frage ...
Ich spüre meine Verbundenheit mit der Frage ...
Ich spüre, wie die Frage mich ausfüllt ...
Ich spüre, wie die Frage mich erfüllt ...
Ich erlebe mich in der Frage ...
Ich bin in der Frage ...

Ausklang

Die Frage und die übrigen Wahrnehmungen treten zurück ...
Ich bin dankbar für meine Erfahrungen ...
Ich komme zurück zum Hier und Jetzt.

Nachbetrachtung War eine Frage aufgetaucht? Wie zeigte sich die Frage? War sie zu hören, oder erschien sie in einem Bild? Zeigte sich die Frage in Form eines Gegenstandes oder als Fragezeichen? Konnten Sie die Frage spüren? Stand Ihnen die Frage gegenüber, oder war die Frage in Ihnen?

Mit der Frage kann bereits eine Lösung verbunden sein. Das ist jedoch meistens nicht der Fall. Die Richtung, in die die Frage zielt, weist den Weg, den Sie zur weiteren Klärung der Fragestellung gehen können. Auf dem Weg können Sie weitere Fragen stellen oder im Bild bleiben und Veränderungen des Bildes abwarten. Den Bildveränderungen können Sie folgen und so den weiteren Weg bahnen.

Antworten in Leitsätzen und Leitideen

Als Antworten auf Ihre in der autogenen Meditation gestellten Fragen können neben Bildern auch Begriffe wie

- »Freund«, »Licht«
- »Vertrauen«, »Toleranz«

auftauchen. Es ist auch möglich, daß Redewendungen oder Leitsätze auftauchen, z. B.:

- Frisch gewagt ist halb gewonnen.
- Freu dich des Lebens.

Lassen Sie auch solche Sätze zu, und spüren Sie ihrer Tragfähigkeit nach. Haben die Redewendungen in der weiteren Meditation Bestand, oder entwickeln sie sich weiter?

Es ist auch möglich, sich ohne vorhandenen Leitsatz darauf einzustellen, daß ein persönlicher Leitsatz in der Meditation auftaucht.

Übung

Autogene Meditation zu einem bestimmten Leitsatz

Einleitung

Ich wähle einen ruhigen Ort ...
Ich nehme eine lockere Haltung ein ...
Ich stelle mich auf Entspannungsübungen ein ...
Ich stelle mich auf frühere Meditationsschritte ein ...

Leitsatz auftauchen lassen

Ich öffne mich meiner inneren Wirklichkeit ...
In meinem inneren Auge entwickelt sich ein Leitsatz ...
Ich sehe den Leitsatz ...
Ich erlebe den Leitsatz ...
Ich nehme meinen Leitsatz wahr ...
Ich bin erfüllt von meinem Leitsatz ...

Ausklang

Die Frage und die übrigen Wahrnehmungen treten zurück ...
Ich bin dankbar für meine Erfahrungen ...
Ich komme zurück zum Hier und Jetzt.

Der gefundene Leitsatz enthält ein Leitmotiv. Bei dem Leitsatz »Freu dich des Lebens« ist Lebensfreude das Leitmotiv. Das Leitmotiv kann auch in Form eines Bildes auftreten. So kann sich Lebensfreude z. B. im Bild eines Karussells oder lachender Kinder zeigen.

Es ist gut möglich, daß noch kein Leitsatz auftauchen konnte. Die Leitsätze und die Leitmotive für die Seinsmeditation ergeben sich nach und nach aus den Fragen, Antworten und Bildern, die sich Ihnen in den bisherigen Meditationen mitgeteilt haben.

Fallbeispiel

Eine junge Musikerin berichtet:

»Ich habe schon viele gute Erfahrungen mit der Oberstufe gemacht. Abgesehen von der mentalen Loslösung, die mir nach anstrengenden Klavier- und Violinetüden sehr gut tut, habe ich einiges über mich selbst erfahren. – Allerdings konnte ich lange das Bild von Sternschnuppen, die auf die Erde fielen, nicht verstehen. Das Bild tauchte wiederholt auf, so daß ich den Begriff mit einem Fragezeichen versah und mich in einer Oberstufenübung auf den Begriff »Sternschnuppen?« einstellte. Zunächst sah ich rhythmisch bewegte Spiralnebel. Statt der erwarteten Sternschnuppen tauchten dann sehr viele Geigen auf, und in jeder Geige spiegelte sich mein Gesicht. Aus den Geigen wurden Sternschnuppen, die auf die Erde fielen, und von irgendwoher hörte ich den Satz: ‚Es ist noch kein Meister vom Himmel gefallen.' – Mir wurde klar, daß ich zu schnell zu viel erwartete. Gleichzeitig war mir klar, daß ich mit viel Übung und Ausdauer zum Ziel kommen kann. In mir spürte ich die Klänge von ‚I'm on my way'. Dieser Satz wurde zu meinem Leitsatz: ‚Ich bin auf meinem Weg' und: ‚Ich bin auf einem guten Weg'.«

Meditation zum persönlichen Leitmotiv

Die persönlichen Leitmotive ergeben sich also aus den eigenen Erfahrungen in der autogenen Meditation. Die Leitmotive beinhalten meist die Themenbereiche

- Sicherheit
- Vertrauen
- Verständnis
- Toleranz
- Respekt
- Leben
- Selbst
- Weg
- Sinn

Die Leitmotive können Sie als einzelne Begriffe oder als Motivsätze meditieren. Die folgende Sammlung mag Ihnen einen Eindruck von möglichen persönlichen Leitmotiven geben:

- Ich bin frei, sicher, selbständig.
- Ich sehe meinen Weg.
- Ich bin ich selbst.
- Ich sehe mich, wie ich bin.
- Ich sehe mein Gegenüber.
- Ich sehe meine Ergänzung.
- Ich sehe mich als Bestandteil der Welt.
- Ich sehe mein einzigartiges, wunderbares Selbst.
- Ich sehe meinen Sinn.

Mit diesen Anregungen und Ihrer Erinnerung an eigene meditative Erfahrungen können Sie sich der Meditation Ihres persönlichen Leitmotivs zuwenden.

Autogene Meditation zum persönlichen Leitmotiv

Einleitung

Ich suche einen angenehmen Ort auf und nehme eine lockere Haltung ein …
Ich beginne mit meinen Entspannungsübungen …
Ich wiederhole mir bereits bekannte Meditationsinhalte …

Meditation zum persönlichen Leitmotiv

Ich öffne mich meiner inneren Wirklichkeit …
In meinem Inneren entwickelt sich mein Leitmotiv …
Ich sehe mein Leitmotiv …
Ich erlebe mein Leitmotiv …
In meinem Inneren entwickelt sich ein Bild zu meinem Leitmotiv …
Ich betrachte mein Leitmotiv …
Ich erlebe mein Leitmotiv …
In meinem Inneren erlebe ich mein Leitmotiv …
Ich lebe in meinem Leitmotiv …
Ich bin in meinem Leitmotiv …

Ausklang

Ich lasse meine Erfahrungen nachklingen …
Ich bin dankbar für meine Erfahrungen …
Ich komme zurück zum Hier und Jetzt.

Wie hat sich Ihr Leitmotiv gezeigt? Zeigte es sich als Bild, als Begriff, als Frage, als Leitsatz? War die Botschaft willkommen oder sind weitere Meditationen zur Glättung eventuell aufgetretener Wogen nötig?

Zusammenfassung

Die autogene Seinsmeditation im Überblick

- Sie können Fragen, die Ihre Existenz und Ihr Wesen betreffen, in Ihrem inneren Auge frei auftauchen lassen und sich in die Fragen hineinspüren.

- Sie können bestimmte Fragen an Ihr Sein stellen.

- Sie können einen persönlichen Leitsatz in Frageform, Aussageform oder als Bild entstehen lassen.

- Sie können ein persönliches Leitmotiv aus den vorangegangenen Erfahrungen entstehen lassen.

- Sie können Ihr eigenes Sein erfahren.

Blick zurück nach vorn

Das Ziel der autogenen Meditation ist Seinserfahrung. Es ist anzunehmen, daß Sie einiges über Ihr Dasein und Ihr So-Sein erfahren haben. Der Beginn der Oberstufenarbeit auf der psychophysischen Ebene und die Weiterführung der Meditation auf der metaphysischen Ebene ermöglichen die umfassende autogene Meditation des Seins. Sie war und ist das Ziel der autogenen Meditation. Sie haben das Sein in seinen verschiedenen Erscheinungsformen erfahren, und zwar auf der Farbebene, der Formebene, auf der Klangebene, der Begriffsebene, der Personenebene, auf der existentiellen und der essentiellen Seinsebene. Die Texte in diesem Buch möchten Ihnen zur Vertiefung Ihrer autogenen Farb-, Form-, Klang-, Begriffs-, Person- und Seinsmeditation weiterhin zur Verfügung stehen.

● Vielleicht begegnet Ihnen auf Ihrem weiteren Weg der kritische Einwand eines Meditationsskeptikers: »Seinserfahrung? – Gut und schön, aber wo bleibt der praktische Nutzen?« Ihre spontane Antwort könnte dann lauten: »Was ist praktischer als die Erfahrung des eigenen Seins!« Der Skeptiker wird diese Antwort kaum verstehen. Deshalb sollen dem Skeptiker abschließend zwei mögliche Nutzaspekte der autogenen Meditation mit auf den Weg gegeben werden, die die Breite und die Tragweite des meditativen Weges zeigen können.

Jeder kennt inzwischen den berühmten Satz:
● *Der Weg ist das Ziel.*

Dieser Satz heißt vollständig:
Nicht die Herberge, sondern der Weg ist das Ziel. Und der Weg entwickelt sich im Gehen.

● Dies gilt sowohl für den physischen als auch für den metaphysischen Weg. In gelassener Balance und in harmonischer Ausgeglichenheit können Sie manchmal auch im Alltag die Harmonie und Selbstvergessenheit erleben, die im Amerikanischen »Flow«, im Deutschen »Fließen« genannt wird. Im Flow spüren Sie, wie sich das Leben ohne gesteuerte Kontrolle im Fluß und im Gleichgewicht befindet. Sie kennen dieses Fließen von harmonischen Arbeitsabläufen oder vom Sport her, wenn »es einfach läuft«, wenn alles zügig von der Hand geht. Meditierende haben solche Flow-Erlebnisse häufiger als andere. Meditierende sind auch zufriedener und gesundheitlich mehr fit als andere. Damit zeigt Meditation ihren praktischen Nutzen u. a. in der Funktion als Schutzfaktor für die Gesundheit.

Manche Skeptiker behaupten, die meditative Hinwendung nach innen würde zur Abkehr von der Außenwelt führen. Dies könnte tatsächlich bei mißbräuchlicher Anwendung von Meditation, beim »Sich-in-sich-Verkriechen« geschehen. Untersuchungsergebnisse zeigen, daß Meditation, wie sie in diesem Buch vertreten wird, nicht zu Rückzug führt, sondern freier und offener macht. Meditierende werden einerseits sicherer und betonen ihre Individualität. Andererseits nutzen sie ihre gewonnene Selbstsicherheit und wenden sich ihren Mitmenschen stärker zu, als sie es vor der autogenen Meditation getan haben. Meditierende wirken im Alltag sogar kooperativer und freundlicher als andere.

Die Leserinnen und Leser, die den Weg durch dieses Buch gegangen sind, haben es längst am eigenen Leibe und in ihrem täglichen Leben erfahren: Autogene Meditation erweist sich nach innen wie nach außen als harmonischer EINKLANG, als Leben in HARMONIE.

Anhang

Die autogene Meditation im Überblick – Definition, Ziele und Schrittfolge der meditativen Oberstufe des autogenen Trainings

Definition

Auf Seinserfahrung ausgerichtete Innenschau, die mit autogenen Formulierungen angeregt wird.

Ziele

- Innenschau, Verbildlichung von Erlebnissen, Erlebnisverarbeitung
- Selbsterkenntnis, Bewußtseinserweiterung, Erkenntnisse über das Dasein
- Synästhetisches Erleben (Zusammenklang von Sehen, Hören, Fühlen etc. und synergetische Verstärkung), Harmonieerleben, Gelassenheit
- Seinserfahrung, Einsichten in höheres Sein, Urvertrauen
- Gewahrsein der Einheit des Seins, »Ein-Sicht«

Schrittfolge

Einleitung:

(Vorbereitung, Entspannung, Wiederholung; ca. 5 bis 15 Minuten)

- Möglichst ungestörte Umgebung aufsuchen oder schaffen
- Lockere Haltung einnehmen, möglichst im Sitzen
- Einstellung auf die Grundübungen des AT oder auf andere Sammlungsübungen
- Einstellung auf bereits bekannte Meditationsinhalte

Basisformulierungen:

(Stammformeln für die autogene Meditation)

- Vor/in meinem inneren Auge entsteht/entwickelt sich (eine Farbe …) …
- Ich sehe/spüre/erlebe (die Farbe …) …
  oder:
- Meine innere Wirklichkeit öffnet sich …
- Ich sehe/spüre/erlebe (eine Form …) …
  oder:
- In meinem Inneren/in mir erlebe ich (einen Klang …) …
- (Der Klang …) breitet sich aus/durchströmt mich …

Autogene Farbmeditation :
(Farben sehen und spüren; ca. 10 bis 30 Minuten)
- Farbe sich entwickeln lassen (Reflexion der aktuellen Situation oder der Struktur)
- Farbe vorgeben (Stimmungsbeeinflussung oder strukturelle Erkundung)
- Eigenfarbe aufrufen (Eigenschaften oder Struktur erkunden)

Autogene Formmeditation:
(Formen sehen und spüren)
- geometrische Form entstehen lassen
  (z. B. Kreis, Dreieck, Quadrat)
- geometrische Bilder entwerfen/meditieren
  (z. B. Mandalas, Vasarely-Graphiken)
- Betrachtung eines Gegenstandes
  (z. B. Vase, Kerze, Stein, Ball, Apfel)
- Entwicklung eines Naturobjektes
  (z. B. Baum, Blume, Blüte, Bildfolgen zulassen)

Autogene Klangmeditation:
(Klänge hören und spüren)
- innere Schwingungen, Klänge, Eigenton wahrnehmen
  (Klangbilder erleben und tönen)
- Klänge intonieren
  (Laute wie A oder O; Mantras wie Ave oder Om)
- Atemmeditation (Atem ein- und ausströmen lassen, evtl. mit Zählen verbinden)
- Musikmeditation (Musik in sich aufnehmen und innerlich reflektieren, evtl. als Klangreise)

Autogene Begriffsmeditation:
(Begriffe sehen, spüren, erkunden)
- beliebigen Begriff/Buchstabenkette auftauchen/aufsteigen lassen (Erkundung)
- Vorgabe von Begriffen mit möglicher symbolischer Bedeutung (wie: Fenster, Tür, Weg, Bach, Brücke, Meer, Berg, Licht, Atem)
- Vorgabe von Begriffen für Stimmungen/Zielrichtungen (wie: Ruhe, Aktivität, Kraft, Gelassenheit, Ausgeglichenheit, Angst, Wut, Freiheit, Gerechtigkeit, Glück, Zuwendung, Hingabe, Zufriedenheit, Erkenntnis, Einsicht, Einheit, Harmonie)

Autogene Personenmeditation:
(Person sehen, betrachten, spüren, erkunden)
- beliebige Person auftreten lassen (Erkundung)
- bestimmte Person vorgeben (z. B. Mutter, Vater, Frau, Mann, Schwester, Bruder, Tochter, Sohn, FreundIn, KollegIn, KonkurrentIn, MitbewerberIn)
- Prototypen vor Augen treten lassen (z. B. der Partner, der Kollege, der andere, mein Gegenüber)
- sich selbst sehen (bildlich oder wesenhaft)

Autogene Seinsmeditation:
(existentielle und essentielle Themen spüren, erkunden)
- Fragen an die eigene Person auftauchen lassen (Erkundung)
- Fragen an das Sein stellen (z. B. Was ist bedeutsam? Das Ziel? Der nächste Schritt?)
- persönlichen Leitsatz vor Augen treten lassen (Erkundung)
- persönliches Leitmotiv aus den vorausgegangenen Erfahrungen entstehen lassen (z. B. bezüglich Sicherheit, Vertrauen, Verständnis, Toleranz, Respekt, Leben, Selbst, Weg, Sinn)

Ausklang
- Bilder und Vorstellungen zurücktreten/verblassen lassen
- sich für die Erfahrungen in der Meditation bedanken
- gedankliches Umschalten auf das Hier und Jetzt
- muskuläres Aktivieren (wie gewohnt)

Nachbetrachtung
- Erlebnisse (in Stichworten) notieren
- Erlebnisse Revue passieren lassen
- Wahrnehmungen reflektieren, eventuell Schlüsse ziehen
- Meditationstext auf evtl. übergangene Anleitungen hin überprüfen und Vergessenes notieren

Vorbereitung der nächsten Meditation
Wo befinde ich mich auf meinem meditativen Weg?
- Auf welches Thema/Bild möchte ich mich erneut einstellen? (schriftlich festhalten)
- Welches aktuelle Thema/Bild möchte ich meditativ aufgreifen?
- Zu welchem neuen Thema/Bild möchte ich meditieren?

Literaturhinweise

Berendt, Joachim-Ernst: Nada Brahma – die Welt ist Klang, Rowohlt, Reinbek 1995

Brenner, Helmut: Entspannungstraining, Humboldt, München 1997, 8. A.

Brenner, Helmut: Autogenes Training, Humboldt, München 1998, 13. A.

Brenner, Helmut: Meditation – die wichtigsten Methoden, Ziele und Übungen, Humboldt, München 1998

Buchmann, Knud Eike: Leben heißt wachsen, Lahr 1995

Halpern, Steven: Klang als heilende Kraft, Bauer, Freiburg 1985

Hoffmann, Bernt: Handbuch Autogenes Training, dtv, München 1997, S. 555

Kraft, Hartmut: Autogenes Training, Hippokrates, Stuttgart 1996

Krönung, Heinz W.: Autogene Vorsatzbildung, IAG, Bochum 1989

Lüscher, M.: Der Lüscher-Test, Reinbek 1974

Ohm, Dietmar: Lachen, lieben – länger leben, TRIAS, Stuttgart 1997

Rosa, Karl Robert: Das ist die Oberstufe des autogenen Trainings, Fischer, Frankfurt/M. 1983

Schultz, Johannes Heinrich: Das autogene Training, Thieme, Stuttgart 1987, 18. A.

Thomas, Klaus: Praxis des autogenen Trainings, TRIAS, Stuttgart 1989

Vetter, Brigitte: Nichts ist das Eine, Ikos, Zürich 1998, S. 26

Wallnöfer, Heinrich: Analytische Techniken in der Oberstufe des autogenen Trainings, Journ. f. AT u. allgem. Psychotherapie, 4. Jg. 1978, S. 75–96

Wilber, Ken: Wege zum Selbst – Östliche und westliche Ansätze zu persönlichem Wachstum, Goldmann, München 1995

(Anm.: In der vorliegenden Literaturliste wurden die jeweils aktuellen Ausgaben zitiert.)

Sachverzeichnis

Abwehrmechanismus 30
Aktivierung 80
Alleinheit 46
Alltag 9, 57, 68
Alpharhythmus 112
Anforderung 26
Angst 136
Anleitung 80
Antwort 155
Arbeitsblatt 28, 100, 116
Archetypen 31, 39
Atemmeditation 121
Atemrhythmus 122
Atmung 47, 121, 122
Aufgeschlossenheit 68
Aufzeichnungen 76, 77, 82
Augenhintergrund 95, 96
Ausklang 163
Autogene Atemmeditation 121
Autogene Begriffsmeditation 128,
    137, 138, 162
Autogene Eigentonmeditation 117
Autogene Farbmeditation 79, 81, 85,
    96, 162
Autogene Formmeditation 97, 99,
    110, 162
Autogene Klangmeditation 111, 115,
    127, 162
Autogene Meditation 54, 56, 59, 60,
    62, 65, 66, 69, 91, 104, 119, 129,
    146, 155, 158, 160
Autogene Musikmeditation 111, 125
Autogene Personenmeditation 139,
    140, 143, 147, 163
Autogene Seinsmeditation 148, 154,
    159, 163
Autogene Symbolmeditation 133

Autogenes Training 8, 11, 12, 42, 45,
    52
Autosuggestion 13, 20

Basisformulierungen 161
Baum 108
Bedeutung 90, 106
Bedeutungen 91, 100, 108
Bedrohung 93
Begriff 129, 130, 137
Begriffsbilder 133
Begriffsmeditation 128, 130
Bewertung 56
Bewußtsein 30
Bewußtseinserweiterung 57
Bezugsperson 144
Bilder 31, 76, 131
Bildfolgen 120
Blume 108
Botschaft 107
Brücke 33
Buddhismus 43, 44

Chakra 48
Chakren-Meditation 45, 48, 49

Dasein 150
Dauer 74
Definition 161
Dialog 33, 34
Dreieck 98, 100, 101
Dualismus 43
Dynamik 101

Ehrgeiz 88
Eigenbegriff 132
Eigenbild 132

Eigenfarbe 86, 87, 88
Eigenform 101, 102
Eigenformmeditation 102
Eigenton 117, 118
Eigentonmeditation 117
Eignungsfrage 68
Eignungsfragebogen 71
Einheit 40, 41, 59, 88, 139, 161
Einklang 41, 91, 112, 118
Einleitung 8
Einordnung 100
Einsicht 32, 54, 60
Einsichtsweg 75
Einstellung 97
Emergenz 58
Energie 46, 48
Energiebahnen 47
Energiestau 48
Entspannung 13, 18
Entspannungsreaktion 18
Entspannungsübungen 16
Erfahrungen 61
Erkenntnis 32
Erlebnisbericht 131
Erregungsniveau 18
Erscheinungsform 159
Existenz 151

Farbbedeutungen 89
Farbe 86
Farbenlehre 87
Farberfahrungen 79
Farberleben 84, 96
Farbmeditation 79, 80, 81, 82, 85, 101
Farbsinn 84
Farbtest 89
Farbtöne 84, 112, 114
Flow 160
Formmeditation 98, 99
Formulierung 28
Formulierungen 83
Formwelt 103
Fortgeschrittenenstufe 8, 11, 19, 20, 21, 22

Frage 153, 154
Fragebogen 72
Freiheit 59, 61
Frequenz 112
Fühlsinn 83

Ganzheit 15
Gedankenaustausch 9
Gegensätze 61
Gegenstand 97, 103
Gegenüber 145
Gestaltung 73
Gesundheit 20
Glaube 56
Grenzen 78
Grundformen 97, 98
Grundstufe 8, 11, 12, 13, 16
Grundübungen 16, 17, 18

Haltungen 75
Harmonie 42, 61, 112, 113, 114, 119, 161
Harmonik 111, 114
Herzchakra 48
Herzschlag 121, 122
Hörgewohnheiten 124

Imagination 59
Indikation 69
Innenschau 9, 54, 56, 58, 60, 62
Innenwelt 70, 149

Kausalbeziehung 43
Kausalverknüpfung 151
Kausalzusammenhang 60
Klang 38, 117, 118, 119, 120, 123
Klangbild 116
Klänge 111, 126
Klangfarbe 112
Klangform 118
Klangkörper 41
Klangmeditation 116, 118, 119
Klangreise 126
Klangwelt 42, 111
Konsequenz 34

Kontemplation 37, 44, 45
Kontraindikation 70
Körperschema 121
Körperübungen 13
Kosmos 114
Kräfte 20
Kreis 39, 98, 100, 101
Kritikfähigkeit 23
Kursleiter 14
Kursus 9, 77
Kurzprotokoll 76

Leben 107, 153, 160
Lebensfragen 78
Lebensgefühl 95
Lebensnervensystem 14
Leitidee 155
Leitmotiv 156, 157, 158
Leitsatz 24, 26, 155, 156, 158
Leitsatzformulierung 29
Lieblingsfarbe 86, 87
Lösung 155

Mandala 38, 39, 40, 98, 103
Mandala-Meditation 39, 40, 103
Mantra 38, 41, 42, 118
Mantra-Meditation 41
Meditation 32, 37, 38, 51, 52, 91, 123
Meditationsmusik 123, 125, 126
Meditationsraum 73
Meditationsrichtungen 35
Meridiane 47
Musik 114, 122, 123, 124
Musik, meditative 126, 124
Musikmeditation 114
Mutter 142, 144, 148

Nachbetrachtung 77, 99, 104, 163
Naturbild 106, 107
Naturgeräusche 73
Naturrhythmen 113
Naturwissenschaft 56, 87, 151
Nerven 13
Neubeginn 27

Neugier 68
Nutzen 159

Oberstufe 8, 11, 29, 30, 32, 35, 51, 52, 54, 59
Oberstufe und Meditation 51
Oberstufe, tiefenpsychologisch orientierte 32, 52, 53, 55, 56, 57, 67
Oberstufe, transpersonal orientierte 32, 52, 54, 55, 58, 60, 67
Oberstufenwege 53
Objekt 139
Orientierung 32, 55, 66
Orientierungsbasis 77

Paradigmawechsel 57
Person 61, 139, 140
Personengattung 145
Personenmeditation 139, 141, 143, 144
Philosophie 152
Planet 113
Prana 47, 48
Problemanalyse 22, 23, 24, 25, 28
Probleme 27
Protokoll 82
Prototypen 145
Psychoanalyse 29, 31, 53

Quadrat 98, 100, 101

Rahmensystem 67
Rauchen 20
Realitätsnähe 19
Resonanz 112, 114, 149
Rhythmen 112

Sammlungsmeditation 43
Schattenseite 146
Schauen 59, 142
Schlafstörung 25
Schrittfolge 161
Schutzfaktor 160
Schweigemeditation 45
Schwierigkeiten 77

Schwingung 111, 112, 115, 117
Sein 32, 40, 41, 56, 69, 132, 150, 153, 159
Seinserfahrung 9, 62, 159, 161
Seinsfragen 153
Seinsmeditation 156
Sektierer 9
Selbst 146, 148
Selbstbeeinflussung 13
Selbsterkundung 136
Selbstsicherheit 160
Sexualität 108
Sichtweise 148, 150, 151
Sinne 84
Sinngebung 105
Sitar 125
Sitzhaltung 75
Sitz-Meditation 43
Skeptiker 159
spirituelle Tiefe 55
Stimmung 136
Störungen 73
Subjekt 139
Suggestion 19, 20, 26
Suggestivkräfte 14
Symbolbegriff 128, 132
Symbolbild 132, 148
Symbolik 105, 106, 107
Symbolinhalt 134
Symbolkraft 108
Symbolmeditation 134
Symptome 15

Tastsinn 83
Technik 56
Tradition 151
Trugbild 148

Überblick 96, 110, 127, 138, 147, 159, 161
Übungsanleitungen 80
Übungsfortschritte 9
Übungsgestaltung 73
Übungshaltungen 75

Übungsprotokolle 76
Unbewußtes 31
Ungeduld 62
Universum 46, 139
Unsicherheit 135
Ursachen 35

Vater 142
Verbindung 66
Verdrängung 30
Verneinungen 20
Versenkung 54, 78
Verstand 87, 92
Vitalität 95
Vorbereitung 163
Vorsatz 24, 28
Vorsatzbildung 24
Vorsätze 19, 21, 28
Vorsatzformulierung 21
Vorstellung 27, 92

Wahrnehmungen 82
Weg 109, 160
Wegbereitung 73
Wellenlänge 112
Weltanschauung 56, 78, 151
Weltbild 30, 66
Weltsicht 55, 58, 67
Wirkung 90, 91, 118
Wunschform 101

Yoga 45, 46, 49
Yogaregeln 47
Yogasystem 46, 47

Za Zen 43, 44
Zeitgefühl 74
Zeitgeist 31
Ziel 69, 160, 161
Zielfestlegung 28
Zielrichtung 32
Zusammenfassung 96
Zusammenklang 42
Zusammenwirken 13